最高峰の
お金持ちが
語る
75の小さな秘密

お金は君を見ている

돈의 속성

최상위 부자가 말하는 돈에 대한 모든 것

by 김승호

サン　訳·吉川南

プロローグ

お金が必要だ。

人が経済的に自立するには、

お金を理解することについては、この数世紀にわたり、多くの人によってさまざまなかたちで教育がなされてきた。

しかし、肝心の**お金の扱い方**については、**その知恵のレベルは向上していない。**

世代が交代し、時が流れても、私たちは進歩していない。

かなり賢明な人でも、お金については無知なことが多く、実際に富を築き維持している人にとっては、その秘密を明かす理由がなかった。

それなりに知られている方法は、有効期限の切れた古い丸薬のような過去の知識ばかりだ。

お金に関する問題を解決することは、悟りを開くのと同じほど、**あなたの人生に大きな価値をもたらす。**

それを無視し、おろそかにしていれば、

お金のほうもあなたを無視し、おろそかにするだろう。

俗物的だからとお金を放置し、怖いと言って避けるなら、その被害はあなたばかりか、家族や子孫の世代にまでおよび、**一生を労働に縛られて生きることになる。**

私は家族のために**1日も休まず働く労働者の父の下に生まれ、**かろうじて飢えずにすむ程度の幼少期を送った。

だが、いまはアメリカと韓国の両政府に毎年数千万ドルの税金を支払うようになった。

田舎町で働く外国人労働者のような境遇から、ハーバード大学を出た弁護士や会計士を雇い、世界を股にかけてさまざまな事業を総括する事業家になったのだ。

かつて私は韓国レストランの重い木の扉におじけづき、6ドルの冷麺を食べるのを諦めたことがある。

そんな人間が、いまでは**ビジネスパーソンの月給の数年分にあたる額を毎日稼いでいる。**

私は貧しさのどん底から、ほぼ頂点とも言える位置まで上り詰め、その過程でお金のさまざまな属性を詳しく知る機会を得た。

・お金を**稼ぐとは**どういう意味か
・お金は**どう動く**のか
・お金は**なぜ消える**のか
・お金は**どこに流れる**のか
・お金は**どんな役割**をしているのか
・お金は**どんな痕跡を残す**のか

それらお金の持つ性質を、比較的広く、深く見渡せる位置に立つことができた。

私よりも洞察力があり、より深い思考と論理を備え、より大きな事業で成功し、お金の属性を余すところなく理解している人もいるだろう。

しかし、**世に出ている本**は、

実際に**お金を稼いだことのない理論家が書いた**ものがほとんどだ。

結局、こうした本を書くことでお金を稼ぐ人のほうが多い。

お金の属性を本当によく知る資産家たちは、その秘密をわざわざ文章に残そうとは思わなかったのだろう。

こうした秘密を知る人は何人もいない。

そのことがよくわかっているので、私は運命に導かれるように、自分に与えられたこの仕事を受け入れることにした。

それでも本書を執筆するまでに、私は何年も悩んだ。

すでに何冊か本を出版したことはあるが、いまも私にとって文章を書くのは難しいことだ。

そんなとき、かつて一般市民向けに映画館を借りておこなった「**お金の属性**」というテーマの講演を録画したものが、編集・紹介された。

これを契機に、多くのユーチューバーによってその動画がシェアされたが、その過程で私の意図や目的から少しずつ外れていってしまった。

正そうとしたときには、すでに再生数が1000万回を超えるほど動画は拡散されていた。

そこで手遅れになる前に、いまからでも私が伝えたかったことをはっきり本に整理しようと思ったのだ。

私は本書で、お金の哲学的・倫理的な価値について深く論じたり説明したりするつもりはないし、そもそもそんな能力もない。

代わりに、お金に関する私の考えや、自分の経験、観点について話そうと思う。

身のほど知らずかもしれないが、お金を稼ぎ、それを守ることにかけては、私の右に出る者はいないだろうから。

お金こそが、**私と私が愛する人を守り、助けてくれる。**

他人に迷惑をかけずに生きていけるのも、お金あってこそだ。

これはお金が持つ、ごく平凡な価値だ。

しかし、この世の中でこうした平凡な価値を維持するには、平凡なことをしていてはかなわない。

平凡な方法では、十分なお金を稼ぐことはできないのだ。

そこで、私がこれまでお金にどう向き合ってきたのかを詳しく説明することで、読者のみなさんにも同じ喜びを分け与えたいと思う。

ひとつ注意しておくなら、読者のみなさんが本書の価値を受け入れたからといって、**誰もがお金持ちや経済的自由人になれるとはかぎらない。**

しかし、あなたが若ければ若いほど、本書の価値に共感してそれを実行することで、お金持ちになれる可能性は高まる。

また、この価値を受け入れる人なら誰でも、きっと**昨日までとは違う人生が待っていると確信している。**

宗教以外の世俗的な領域で、読者のみなさんの人生に幸福な影響をもたらすことができれば幸いに思う。

本書には、ふだんから私が講演や授業で話している**お金の5つの属性**と、経済的に豊かになりたいと願う人に必要な**4つの能力**に関する内容を盛り込んだ。

お金の
5つの属性
とは、

1. お金の人格

2. 定期収入の力

3. お金のさまざまな性質

4. お金の重力

5. 他人のお金に対する接し方

これらだ。
そして、お金持ちになるために必要な4つの能力として、

1 稼ぐ能力

2 貯める能力

3 守る能力

4 使う能力

これらについて扱う。

そして、これら４つをそれぞれ別々の能力として理解し、それぞれ違った方法で学ぶべきだという点を強調した。

加えて、経済用語を知らない人にもわかりやすいように、できるだけ平易な書き方を心がけた。

どうか本書が、みなさんの**経済的独立と自立した人生の実現**に向けた一助になってほしいと願っている。

CONTENTS
目次

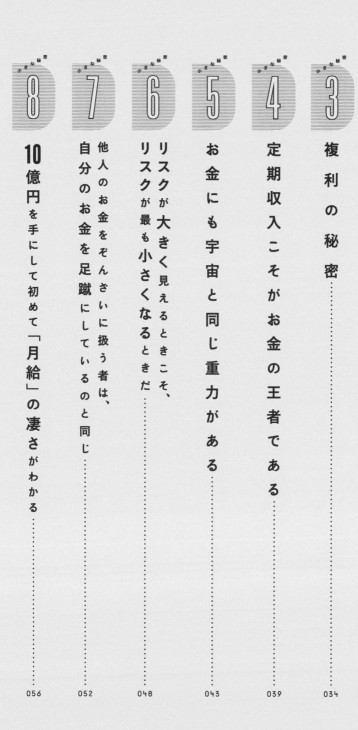

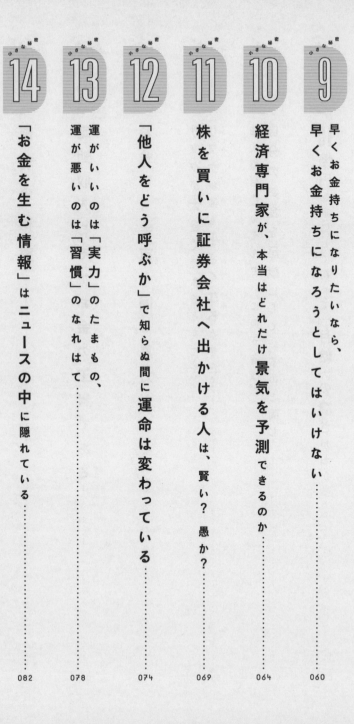

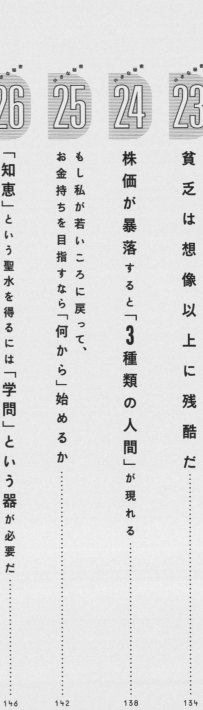

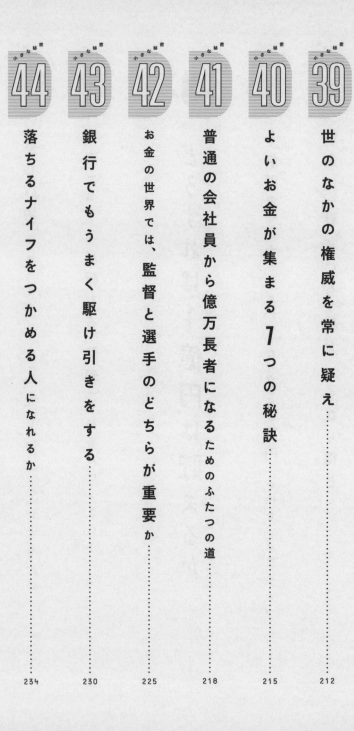

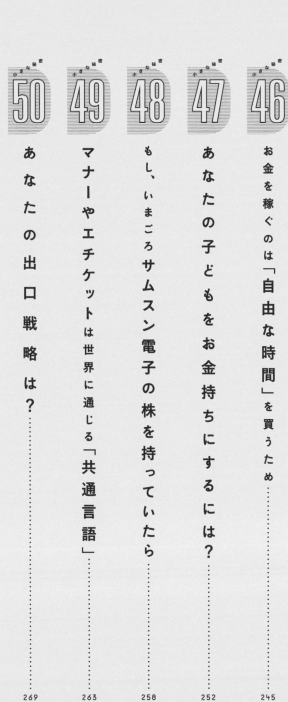

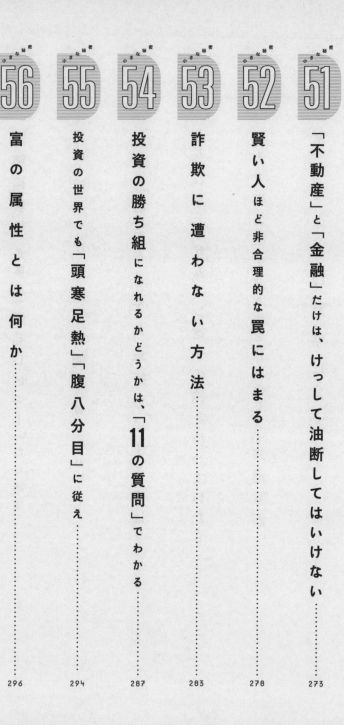

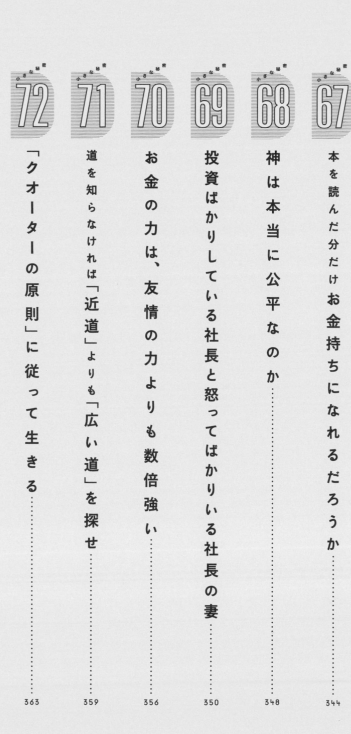

金額は原則、1ドル＝150円、1ウォン＝0・1円で算出し、日本円で表記しています。

第1章

お金の人格とはなにか

75の小さな秘密

1-18

小さな秘密

1 お金にも人格がある

お金にも人格（person）がある。

お金が人間のように思考、感情、意志をもつという事実を受け入れられない人もいるだろう。人格とは、自ら思考し、自我をもった独立した存在を意味するからだ。ところがお金は自分で考えることも、動くこともない。ただの数字なのだから、この話はどこか強引に聞こえるかもしれない。

一方、ビジネスの世界では、会社にも人格が付与される。すなわち法人（legal person）のことだ。人という字がついているとおり、法人は人間と同じように訴訟を起こしたり起こされたりもし、一個の主体として個人と争い、協議し、協力もできる。

お金は法人以上に精巧で具体的な人格だ。人といっしょにいるのが好きで、群がってくるお金もあるし、一生を隠れたまま過ごすお金もある。お金たちのたまり場もあるし、流行にのって集まったり散ったりもする。**大事にしてくれる人にはついていき、いい加減な人には手痛いしっぺ返しをしたりもする。**小銭を大事にしない人からは大金が逃げ出し、自分の価値を認めてくれる人といっしょにいると子ども（利子）を産んだりもする。

このように人格と同じ性質をもっているので、お金はいい加減な人には近づかない。私がお金には人格があると言うのは、こんな特性があるからだ。本書はお金に人格があることを前提に書かれているので、読者のみなさんにはその点を理解していただきたい。私が経済的に成功できたのも、**「お金は感情をもった人格」**と認めて接し、お金といっしょに生きる方法を学んだからだ。

お金は、大事にしすぎて家に閉じ込めていると、隙を見て逃げ出そうとする。そして、ほかのお金に対して「こんなケチな主人《あるじ》のところには来ちゃだめだ」と言うだろう。自分を尊重してくれない人に対しては、お金持ちになるための協力もしない。価値ある場所やよいおこないに使われたお金は、その待遇に感動し、仲間を連れて主人のもとに帰ってくる。

酒や賭事に使われたお金は、悲惨な身の上を嘆いて背を向けるだろう。誘拐や暴力、不法行為によって権力者や成金の懐に入ったお金は、常に脱出の機会をうかがっている。しかも、そうしたお金は逃げるときに主人を傷つけるから、危険なお金には近寄らない方がいい。お金に人格があることを知り、それを受け入れた瞬間から、一生お金持ちでいるための道が開かれるのだ。

「お金を尊重する」とはどういう事か

お金は感情をもった実体なので、愛情をもって接するべきだが、過保護になってはならない。抱きしめるときは抱きしめ、巣立つときが来たらこころよく送り出すべきだ。絶対に無視したり雑に扱ったりしてはならず、尊重し感謝しなければならない。お金はこういう心がけをもつ人に、常に機会を与え、近づき、守ろうとする。

お金はいつも、あなたを見守っている。

幸い、お金は気持ちの切り替えが早いので、過去はどうあれ今日から自分を大事にしてくれれば、すべてを忘れてあなたに尽くしてくれる。お金を人格ある存在として受け入れ、大切な親友のように接すればよい。そう決心した瞬間、お金への接し方が完全に変わる。小銭をないがしろにすることは絶対になくなるし、大金は使うべき場所に使うようになる。親友であれば、自分の贅沢や見栄のために利用するのではなく、よい場所に連れて行ってあげようと思うだろう。

手持ちのお金は、品よく使おう。

愛する人や、守るべき価値のために使うべきだ。それを見たお金は、さらに多くの友だちを呼び寄せるはずだ。あなたがお金の奴隷になるわけでもなく、お金もあなたの所有物ではない。上下関係ではなく、**お互いに深く尊重し合いながらいっしょに過ごす**ことになる。これが富の真の姿だ。

小さな秘密 2

自分より有能な経営者に投資する

30代半ば、私は株式投資で大失敗したことがある。過去の株式データをもとに最良の取引パターンを見つけて投資する、プログラム売買に手を出したのだ。当時の私は、貧困から脱出するにはこの方法がいちばん手っ取り早いと信じていたし、自分はほかの人より頭がよく大胆だと思っていた。振り返ってみると、これは投資ではなく投機だった。なんと馬鹿げた行動だったのだろう。恥ずかしくて仕方ない。

当時の投資者としての私のレベルは、幼稚園児より低い赤ん坊並みだった。それでいて、自分を大学院生と同じレベルだと過信していたのだから、うまくいくはずがない。過去のデータを使って未来を予測する本や講演は多いが、これらを見聞きするたび、昔の自分を思い出して、歯がゆい思いがする。彼らの現在と未来の財産を想像すると、なおさら残念だ。私は全財産を失って以来、ずっと株に手を出さなかった。再び株を買い始めたのは5年ほど前からだ。この5年間でかなりの株を仕込んだが、売ったことはほとんどない。誰かから株をやっているかと聞かれたら、首を横に振るようにしている。株の売買で儲《もう》ける一般的なスタイルはとっていないからだ。

手元に資金ができたら、私がすることはふたつ。

自社のさらなる成長のために使う。あるいは、ほかの資産を形成できそうな場所に送る。

この数年で、私の会社はこれ以上の資本が必要なくなったので、余裕資金の投資先を探さなくてはならなくなった。私はずっと事業家・経営者として生きてきたが、それでも私よりずっと優れた事業家や経営者は多く、自分が子ども並みに感じられることもある。私が手も足も出ないようなマーケットで、よりよい事業を展開している会社や経営者は多い。幸い、こうした会社の多くは株を上場している。上場しているということは、**つまり誰でも好きなだけその会社の株を買える**という意味だ。100ドルぶん買ってもいいし、1000ドルぶん買ってもいい。1日で数百万ドルぶん買うこともできる。世界最大の企業でも同様だ。

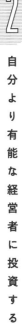

私の会社の取引先のなかにも、毎年成長し、経営もうまくいっている会社が多い。私が消費者や顧客となっている会社のなかでも、すばらしい経営者をたくさん見てきた。これらの会社のほとんどは、私の会社よりも大きく、成長が早く、経営者も有能だ。私よりも立派な経営者が、私よりもよい会社を運営しているのだから、投資をためらう理由はない。

つまり、**自分より立派な経営者に投資するのは、彼らと共同で事業をするのと同じことだ。**彼らが望まなくても、いつでもいっしょに事業ができる。必要なのは、その会社の配当方針と配当比率を知り、適正な株価を見極めることだけだ。適正な株価とは、一定の予算で1株当たりいくらで買えるかということよりも、何株買えるかによって決まる。株数によって配当比率が変わるからだ。ビジネスと投資の世界においては、自分より有能な経営者、自社より有望な事業に投資することは、不法でも不道徳なことでもないし、恥ずべきことでもない。しごく合法的・合理的で、胸を張っていいことだ。

知恵を持てば、世界的大企業さえすべて味方になる

私はできるだけ、自分が株主となっている会社の物品やサービスを利用するようにしている。

株をもっていれば、それは自分の会社と同じだからだ。マイクロソフト（MSFT）のパソコンを使い、Amazon（AMZN）でナイキ（NKE）の靴を買い、JPモルガン・チェース銀行（JPM）で発行したVISAカード（V）で決済する。そしてアップル（AAPL）のiPhoneでウーバー（UBER）で車を呼んで空港に行き、デルタ航空（DAL）に乗って家に帰る途中、コストコ（COST）に立ち寄ってコカ・コーラ（KO）をひと箱買い、サムスン電子（005930）の冷蔵庫に入れる。こうしていると、自給自足しているような感じだ。

これは、それらの会社の単なる消費者、ライバル、傍観者ではなく、主人になる方法だ。配当日を待っているうちに、もし株価が下がれば、「これですばらしい我が社をもっと安く買えるぞ」と、にんまり笑みがこぼれたりもする。自分より立派な経営者を味方につけることは、頼りがいのある兄貴分をもったような気分だ。みなさんも、ぜひよい兄貴分を探してみてはどうだろうか。

小さな秘密

3 複利の秘密

「複利は人類最大の発明であり、七不思議に次ぐ、世界の八番目の不思議だ」

アルベルト・アインシュタイン（Albert Einstein）

財テクで忘れてはならないのが、**複利の威力**だ。

複利とは、重複の「複」と利子の「利」を組み合わせた単語で、元金と利子の両方に利子がつくという意味だ。さらに利子の利子にも利子がつくことになる。

複利の反意語は単利と言い、単利は元金に対してのみ利子が支払われることだ。つまり複利とは、単利についた利子と元金の合計に、さらに利子がつく仕組みのことと考えればいい。

100万円を年利6%の単利で5年間運用した場合、5年後に受け取れるのは**130万円**だ。一方、利子を引き出さずに元金と合わせて複利で運用すると、さらに**4万8850円**余計に受け取ることができる。そう大きな差はないように見えても、期間が長くなるほど大きな利子がつく計算になる。

期間を10年にしよう。そうすると**21万9397円**も余計に受け取れることとなる。

仮に運用期間を20年とすると、追加される利子は**111万204円**となり、元金よりも多くなる。

このあたりで、賢い人はおわかりだろう。同じ複利運用でも、利子を年に1度受け取るより、半年ごとにもらうほうが有利だし、さらに1カ月ごとに利子をもらうほうがずっと有利だということに。

念のため繰り返すが、この場合の「利子をもらう」とは、キャッシュを引き出すことではない。得た利子をそのまますべて運用に回すことを意味する。

「34円」を雑に扱う者はお金持ちにはなれない

では、逆に複利の概念を債務に適用して返済するとなると、恐ろしい数字となる。銀行で50万円を年利10％で借り入れたとき、毎月の利払いは4167円となるが、これを支払わずにいると、翌月の利子は2カ月分の8334円ではなく、34円多い**8368円**となる。4167円に対する利子が合算されるからだ。ここで「たかが34円」と考えるか「34円も」と考えるかが、**投資の差、富の差、そして人生の差**となるのだ。

もし、このまま2年にわたり借入金を返済せずにいると、元利合計は60万5153円で、毎月の利子は5085円となる。3年後には元利合計が67万4091円、月々の利払いは5617円に膨らむ。つまり、年利13・5％にあたる額に増えるわけだ。

これが、「たかが34円」が生んだ結果だ。

ほかの例も挙げてみよう。住宅購入にあたり返済期間30年、4％複利で3000万円のローンを組むとしよう。この場合、支払い総額は9900万円にもなる。これを30年かけて月払いにすると、毎月の返済金額は27・5万円だ。これは元金が減り始めるまでにおよそ21年間、利子を支払っていく計算となる。複利の恐ろしさがわかるだろう。

世界一の大富豪が「秘密」を明かした手紙

複利を味方につけるか敵に回すかが、資産運用の成否を分けるという話だ。**複利を味方につけるために最初にすべきことは、複利を理解することだ。**ジョージ・ワシントン大学の調査によると、アメリカ人のうち複利について理解しているのは3分の1に過ぎないという。

また、ウォーレン・バフェット（Warren Buffett）は最も複利の恩恵に浴した投資家であり、複利の力を借りなければこれほどの成功はできなかっただろう。複利は簡単ではあるが、投資において最も重要な原理のひとつだ。複利のことを理解できない投資家は、富を扱う資格がない。複利は投資そのものよりも重要だ。複利効果が富に与える影響を理解するには、複利を真の友として付き合う必要がある。ここで1964年、ウォーレン・バフェットが34歳になった年に株主宛に送った書簡を見てみよう。

「複利というテーマは一般に陳腐に思われているので、美術品に例えて考えてみましょう。1540年、フランス王フランソワ1世はレオナルド・ダ・ヴィンチの『モナ・リザ』を4000エキュで購入しました。当時の4000エキュは、いまの約2万ドルにあたります。もしフランソワ1世に現実的な感覚があり、絵を買う代わりにこの資金を税引き後で年利6%の収益率で投資していたら、いまごろその価値は1000兆ドルを超えていたでしょう。年6%が1000兆ドル以上を生み出すのです。これは現在アメリカ政府が発行する国債の規模の3000倍を上回ります」

若くして複利の概念とその恩恵をしっかり見抜いていた若者は、50歳を過ぎてアメリカ最高の富豪のひとりになり、90歳を超えたいまも、その富は増え続けている。複利が彼に最高の富をもたらしたのだ。

人間の暮らしに知らず知らずのうちに溶け込み、最大の影響を及ぼしたものがふたつある。石鹸と複利だ。なぜか。石鹸《せっけん》の発明は人々の衛生状態を改善し、寿命を飛躍的に伸ばしたためだ。そして**複利の発明は、富の移動を容易にしたためだ。**複利の重要性を理解できたなら、あなたもお金持ちへのスタートラインに立ったことになる。おめでとう!

小さな秘密

4

定期収入こそがお金の王者である

年収５００万円を稼ぐAとBのふたりがいるとしよう。

Aは毎月一定して40万円稼ぎ、Bは１００万円以上稼ぐ月もあれば、一銭も収入がない月もある。ふたりの年収は同じだが、お金の力はそれぞれ違う。

毎月入ってくる一定額の収入は、不定期な収入よりも、お金の質がいいことを意味する。良質なお金は仲間のお金を呼び集め、お互いに強く結びつく。定期的な収入は不定期な収入よりも力が強く、実際の額面の価値とは無関係に潜在価値を測る株価収益率（PER）が高い。

農業に必要な年間降水量が１０００㎜だと仮定してみよう。

春と秋にそれぞれ1度５００㎜ずつの雨が降ったとしても、その土地では農業はできない。

洪水と干ばつが順番に来るだけだからだ。

代わりに、1日10㎜ずつでも毎日確実に雨が降れば、かなりよい収穫が望める。ブラジルのレンソイス砂丘の降水量は年間1600㎜にもなるが、何も育てられない。6カ月に1度しか雨が降らないからだ。

企業経営もそれと同じで、**いちばん重要なのはキャッシュフローだ。**キャッシュフローとは現金の流入と流出のことだが、企業のキャッシュフローがよくないと、利益が出ても不渡りを出す確率が高まる。いつかは雨が降るにしても、いま干ばつが起きれば作物が枯れてしまうのと同じだ。体内の血流が安定しないと手足も動かなくなるし、呼吸や食事も不規則では命に関わる。10分間も水中にいた人に人工呼吸をほどこしても、飢え死にした人の口に肉を放り込んでも、生き返ることはないようなものだ。

お金も同じだ。

キャッシュフローが安定していてこそ、経済的に豊かな生活が可能となる。定期収入があるということは、規律のとれた10人程度の羊飼いの集団が数百頭の羊の群れを効率的に制御できるのと同じだ。キャッシュフローが人生の荒波を制御する状態を作ってくれるわけだ。

商売や事業を計画しているのであれば、夏休みの観光客を相手に日に100万円売り上げる人をうらやましがるのではなく、毎日コツコツと10万円ずつお金が入る定食屋をうらやむべきだ。夏場に稼いだ100万円は綿菓子のように軽く、手で触れただけでも溶けてしまうが、定食屋の10万円は樫《かし》の木のように堅く、家を建てることもできるからだ。一過性の団体客を歓迎して常連を無視するようでは、成功はおぼつかない。

不定期な収入は一度に手に入ったお金なので、実際の価値よりも大きいという錯覚を引き起こす。自分の稼ぎがよくなったような気がして、贅沢や無駄遣いをしがちなので、結局はお金が貯まらない。

次の収入がいつになるかわからないとそれだけ貯金に励むのではないかと思うかもしれないが、実際にはそんな計画的な人は多くない。手に針をもっていれば、目の前で揺れる風船をつつきたくなるのが人情だ。だから、収入が不規則な人は、自分の資産を定期的な収入として口座に移すようにすべきだ。芸能人、講師、塾の経営者、建設労働者、季節性事業の従事者、スポーツ選手、開業医といった、収入が一定しない職業の人がこれにあたる。

収入が一定しないというのは、言い換えれば豊かな才能を使って短期間に多くの収入を得られるという意味でもある。これらの人は、まとまった収入を得たら、それですぐに定期収入が得られる不動産や高配当優良株を購入しておくべきだ。手元のお金を1日でも早く、安定した所得の得られる資産に変えておかないと、不定期な収入は定期所得をもつ人たちへと流れていってしまうだろう。定期的なお金と不定期なお金が闘えば、勝つのは決まって定期的なお金のほうだからだ。

定期収入の最大の利点は、

未来予測が可能である点だ。

未来予測が可能だということは、リスクをコントロールできるという意味でもある。**リスクは金融資産の最大の敵**である。資産のすべてを奪うこともある、恐ろしい存在だ。どこに潜んでいるかわからず、日常でいきなり出くわすこともある。このリスクをコントロールできるのは、大きな利点だ。それ自体が信用を与え、この信用は実際の資産として活用できる。同じ5000万円でも、1000万円やそれ以上の価値ある資産に変化するのだ。

小さな秘密

5

お金にも宇宙と同じ重力がある

重力は現代物理学における基本相互作用のひとつだ。

ニュートン(Isaac Newton)によれば、「重力は質量を有するすべての物体のあいだで作用する」。

つまり重力とは、質量をもつ物体同士で作用する力のことだが、その力の大きさは各物体の質量に比例し、近い場所にある物体を引き寄せるのはもちろん、非常に遠くにまで影響を及ぼす。距離の2乗に反比例して、遠くなるほど力が弱まりはするが、遠い距離にも作用するのだ。地球で暮らす私たちには重力の巨大な力が感じられなくても、地球を飛び出そうとする宇宙船は、時速4万kmのスピードをもってようやく地球の重力圏から抜け出せる。

宇宙空間を漂う流れ星を地球に引き寄せるのも重力の働きだ。

地球は月より重いため、その重力もより強い。

また、太陽は地球より巨大で重いため、さらに遠くまで重力の影響を及ぼしている。この影響力を目で確認することができる。

それが、太陽系だ。

不思議なことに、お金もこの重力と同じ作用をもっている。

お金はほかのお金に影響を与える。

金額が大きいほど、ほかのお金に及ぼす影響も大きい。

お金には近くのお金を引き寄せる力があり、まわりのお金にも影響を与える。

お金が重力のように作用する原理をうまく利用すれば、少額のお金を大金に変えることもできる。


例えば漢江《ハンガン》は、江原道太白市蒼竹洞《カンウォンドテベクシチャンジュクトン》の倹龍沼《コムニョンソ》という小さな沼に発する水が、江原道、忠清北道《チュンチョンブクド》、京畿道《キョンギド》、ソウルを経て朝鮮西海まで４９４㎞にわたる大きな流れをなす。全長６９９２㎞、河口の川幅が４８０㎞、毎秒20万９０００㎥の水を海に吐き出すアマゾン川も、ペルー南部アンデス山脈のミスミ山（Nevado Mismi）から流れ出す小川から始まっている。

私たちが暮らす巨大な地球も、1個の小さな粒子が周囲の粒子を引き寄せて量《かさ》を増し、5,972,000,000,000,000,000,000トンという現在の姿になったのだ。このように、どれほど小さなものでも、**その属性を理解すれば、まわりのものを引き寄せて量を増やし、大きく育つことができる**し、こうやって増えた資本は、ほかの資本をさらに多く引き寄せるようになる。

「お金がどんどん増える人」は何をしているのか

あなたが1億円を貯めようと決心したとする。

1億円貯めるには、月給30万円のサラリーマンが一銭残らず貯蓄して約28年かかる。それに必要な時間と労力は大変なものだ。

しかも、これは収入の全額を貯蓄した場合の話であり、投資をしたとしても、一銭の損失も許されない。給与の半分を貯蓄に回しても、約56年もかかる。しかし、お金の重力について理解すれば話は変わる。世界の富豪で、こんなやり方でお金を貯める人は誰もいないし、こんなふうに資金を動かす人もいない。

まず、1億円貯めるには1000万円が必要だ。

そして1000万円貯めるには100万円が必要だ。

その100万円は、毎月10万円、またはそれ以上を貯めることから始まる。

がんばって1年で100万円貯めたとしよう。

この100万円を貯めるための努力を100とすると、**次の100万円を貯める努力は、最初の100万円のときの100より小さくてすむ。**なぜなら、先の100万円が利子や投資によって増えているからだ。

最初の100万円は、あなたの労働と時間だけを使って、あなたひとりでつくられたものだが、この100万円が勝手に働いてあなたを助けてくれるので、ふたりで協業するようなものだ。つまり、あなたと資本がさらに資本を生み出すためにともに働いているわけだ。

そのため、2回目の100万円を貯めるための努力は95くらいだと言える。

この数値は、2回目、3回目と100万円ずつ貯めていくに従い、どんどん小さくなる。

最初の100万円を貯めるのに10カ月かかったとすると、2回目の100万円は9カ月半、次は7カ月、その次は5カ月というふうに減っていく。

最初の100万円に100の努力を費やしたとすると、合計1000万円となる最後の100万円を貯めるには、わずか20か30ほどの努力ですむわけだ。

このように1000万円を貯めれば、その1000万円が同じようにして数年後には数千万円、さらに時が経てば1億円になり得る。

財産が増殖する過程を見ると、1、2、3、4、5というように等差数列的に増えるのではなく、**1、2、4、8、16というように等比数列的に増えていく**。この原理を理解すれば、誰でもお金持ちになることができる。重力が全宇宙に及んでいるのを見ればわかるように、重力は宇宙の根本的な力であり、世界を構成する原理のひとつだ。この原理は、増えていくものにはなんにでも当てはまる。ただ、お金は物体ではないため、お金を貯めようという人間の意志が必要なのだ。

小さな秘密

6

リスクが大きく見えるときこそ、リスクが最も小さくなるときだ

投資の方針は未来をどう見るかによって決まるが、その核心はリスクをいかに管理するかにかかっている。

どのような資産や株価が上がるかは、ある程度まで予測可能だ。

しかしこの予測が正しくても、リスクがなくなるわけではない。その資産を手に入れる時期によって、そこから得られる収益は変化するためだ。マーケット全体は上昇基調なのに損失が出ているなら、**それは投資にかけた時間が足りないか、投資したお金の質がよくないからだ。**

ひと口にダイヤモンドと言っても、どれも同じというわけではない。また、金《きん》にしても、すべての金が同じわけではない。ダイヤモンドにはDからZまでの23等級があり、Zから先はフ

アンシーカラーダイヤモンドに分類され、価格も千差万別だ。金も同様で、同じ重さでも純度によって価値や価格が変わる。

お金にも違いがある。**長期の投資に耐え得るお金もあれば、1年ともたない弱いお金もある。**ほんの数カ月で引き上げなければならない低品質なお金もある。予測が正しくても収益を出せないことが多いのはそのためだ。マーケットで長期的に成功するには、リスクについて理解するとともに、自分の資金状態を把握して、勝てる範囲内でリスクをとることが必要なのだ。

小さな秘密 6

リスクが大きく見えるときこそ、リスクが最も小さくなるときだ

しばしば株式市場では、お金が稼げる好況期にはリスクがないように見え、暴落時にはリスクが大幅に高まっているように見える。暴落相場ではどれほど深刻な損失が出るかわからないため、リスクがあまりに大きく見えて、誰も株を買わないために株価が急落するのだ。だが、実際はそのときこそリスクが最も小さくなる時期なのである。

誰もリスクを恐れない上昇相場のときこそ、リスクが消えたように見えて、実はリスクが最も大きいのだ。バブルが発生するのも、このタイミングだ。だから、リスクを正確に見抜く目

をもたねばならない。

「人が貪欲《どんよく》であるときに警戒し、人が警戒しているときに貪欲になれ」。
（Be fearful when others are greedy, and be greedy when others are fearful.）

これは**ウォーレン・バフェット**の名言だ。彼は、誰もが恐れているときが、リスクが低い状態だと見たのだ。

つまり、悪い状況は悪い状態ではない。むしろ割安な値で資産を購入できるので、リスクが低い。

つまり、**人がリスクを恐れて買わないときこそ、リスクが最も少ない状態**になるわけだ。皮肉な話に例えれば、飛行機がいちばん安全なのは、飛行機事故が起きてから1週間ほどしたときだ。航空会社が徹底的に整備点検をおこなうからだ。

「投資リスクを怖がる人」が取るべき行動とは

リスクの特徴のひとつは、**過去のケースから未来を予測することはできない**という点だ。

パターンを探そうとする人は、まったく新しい未来や、いまだ起きたことのない状況のことを考えない。新しいことが起きても、それを過去の出来事と結びつけて再解釈するだけだ。しかし、この世ではつねに、史上最悪の状況が起こるものだ。そして投資の世界では、これに備えていない人は生き残れない。

また、リスクは定期的にやってくるようなふりをして、実は不規則に現れる。「平均して10年に1度」「平均30％の下落」といった用語は、リスクを理解するにあたって最も邪魔になるデータだ。平均という言葉ほど意味のないものはない。平均にはなんの意味もないばかりか、しばしば事実を歪曲《わいきょく》している場合があるからだ。だからリスクを理解するには、パターンと分析によって仮定するのではなく、リスクに対する哲学的アプローチによるほうが合理的だ。

欲望はリスクを生む。この欲望が大衆に乗り移ると、楽観というバブルが形成される。そしてバブルは暴落を生む。しかし、人々が自暴自棄になって恐怖に震える時期が過ぎたあとは、春が訪れ、日が昇る。これはわざわざ統計やパターンで証明しなくても、人文学的知識で理解できることだ。あらゆる欲望の果てには没落があり、あらゆる絶望は希望をはらんでいることを忘れてはならない。

小さな秘密 7

他人のお金をぞんざいに扱う者は、自分のお金を足蹴《あしげ》にしているのと同じ

以前からコストコに行くと、必ずしていることがある。

車を停めたあと、駐車場のすみに置きっぱなしにしてあるショッピングカートを見つけると、そのカートを押して入店するのだ。

若いころスーパーを経営していたのだが、毎年100個以上のカートが紛失・破損していた。お客がカートを家に持ち帰ったり、駐車場のすみに放置したりするせいだった。そのために毎年2万ドル以上の損害が出ていたことが思い出され、自分がお客として買い物に行くときも、ショッピングカートをぞんざいに扱うことはない。

我が子は大事にするのに、よその子には冷たい人がいる。自分の子は宝物のように大切なのだから、義理の娘や義理の息子もその実の親にとっては大切な子どもだ、という発想がない

のだ。

お金に対する態度も同様だ。

自分のお金はとても大切にし、絶対に無駄遣いしないのに、公金や税金については無頓着な人がしばしばいる。軽微なケースでは、友だちのおごりのときは高いものを注文したり、飲み会で数人が飲みすぎたせいで支払いが高額になったりということがある。

重大な例では、税金で作られた器物や物品を毀損したり、政府の補助金を水増し申請したり、脱税したりといった場合だ。公金、税金、会費、友だちのお金、親のお金は、すべて他人のお金だ。**他人のお金に対する態度こそ、自分のお金に対する真の態度だ。**友だちがお金を出すときに高いものを注文したり、飲み会でふだんよりたくさん酒を飲んだりする態度は、あなたがお金をどう見ているのか教えてくれる尺度になる。

税金や公金などの公共の資産をないがしろにする人は、自分のお金もないがしろにしていることを理解すべきだ。税金からなる公共施設、道路、案内板、行事、医療サービスなどには、あなたのお金も一部使われている。友だちと食事をおごりあっているなら、自分がおごるときだけでなく、相手がおごってくれるときにも自分のお金が含まれていると見るべきだ。

自分が尊重されたければ、まず相手を尊重すべきだ。

それと同じく、

自分のお金が大事なら、他人のお金も大事にすべきだ。

私は持株比率100%の自分の会社でも、業務目的に合致する場合にしか法人カードは使わない。また、自社の売り場に行っても、必ず自費で買い物するようにしている。その会社の社長や売り場の店長の実績は売上によって決まるので、私が勝手に商品をもっていくと、会社全体の実績に響くからだ。たった1円でも、他人のお金だ。

税金は「自分の出したお金」だと勘違いしている人間

また納税は、国のシステムを利用するすべての人に課せられた責任であり義務である。自分の農場のなかに道を造り、小川に橋を架けるだけでも数億円の費用がかかる。あなたが一銭も出さずに、遠くの町まで車で行けるのも、あなたを含む多くの人が税金を払ってきたおかげなのだ。

税金はあなたのお金であると同時に、他人のお金でもある。合法的な節税は自分の資産を守る行為だが、脱税は他人のお金を盗むことであり、他人のお金をないがしろにする行為だ。他人のお金を大事にしてこそ、自分のお金も大事にされる。他人の子を大切にしてこそ、あなたの子も大切にされる。息子が大切なら、息子の妻だって大切な存在であり、娘が宝物なら、娘の夫も宝物だと見なすべきだ。

私はいまでも、コストコの駐車場に放置されたショッピングカートを見たら、必ずそれを押して入店する。駐車場を駆け回ってカートを集める店員の仕事を減らしてあげようという気持ちからだ。

いまやコストコは、我が社の事業パートナーでもある。私はコストコの株を0・003%もった株主だからだ。うちの息子と他家の娘が結婚するように、**うちのお金とコストコのお金が結婚したわけだ。**

カートの車輪の片方は自分のものだという気持ちで、いっそう大切にしている。他人のお金を尊重すれば、そのお金が自分のお金になることもあるからだ。

小さな秘密

8

10億円を手にして初めて「月給」の凄さがわかる

会社員のジェウク氏はある日、子どものいない伯父から**10億円という大金を相続した。**

これからお金持ちの人生が待っているんだと思ってわくわくしたが、遺書をよく読むとふたつの条件が書かれていた。ひとつ、遺産を一銭も失ってはならない。ふたつ、年間の物価上昇率は利益から差し引く。

どうやら伯父は、自分の身内が贅沢や放蕩生活で資産を食いつぶすのを見たくなかったようだ。そこで伯父は、お金をしっかり管理できる者だけに遺産を相続させようと考えた。もしこの条件のうちひとつでも破れば、遺産はただちに回収するという但《ただ》し書きもあった。

さて、どうしたものか。ジェウク氏は頭を悩ませた。10億円は、誰もが容易に稼げるような額ではない。毎日10万円ずつ、約30年かけてやっと貯められる大金だ。不動産を購入して賃貸に出す方法がよさそうだが、家賃滞納のリスクはあるし、固定資産税や不動産価格の変動も考慮する必要がある。株式投資はもっと恐ろしい方法だ。

「最も安全なのは、貯蓄して利子を受け取ることだろう」

銀行預金なら元本も保証されている。そこでジェウク氏は、2020年4月現在の韓国各銀行の利率と商品を調べてみた。

KB国民銀行の1年満期定期預金の金利は年0・80%だ。

NH農協銀行の定期預金「大満足実質預金」は基本金利が年0・75%。

ウリィ銀行の「WON預金」は年0・65%。

ハナ銀行の「株取引定期預金」と「高段位プラス定期預金」はそれぞれ年0・75%と年0・70%だった。

政府の基準金利引き下げのため、利率はほぼ1%以下になっている。

1年満期定期の利率が0・80%と最も高いので、10億円を預金すると利子は800万円だ。

15・4％の利子課税123万を差し引くと、満期時の手取りは10億677万円。**年に677万円の収益があれば、十分に余裕のある暮らしができそうだ**、とジェウク氏は考えた。

ところで韓国統計庁の消費者物価調査によれば、ここ5年間の消費者物価上昇率の平均は1・1％だ。

幸い2019年度の物価上昇率は0・4％だったので、**10億円の0・4％にあたる400万円が目減り**したとして、これを利子から差し引くと、**277万円の利益**が出たことになる。

これを12カ月で割ると、**23万円程度**にしかならない。10億円という大金を相続し、富豪として素敵な人生を送れると思っていたのに。ジェウク氏は仕事を辞めたことを後悔した。

「月給23万円」でも億万長者に匹敵する

これはあくまでも例え話だが、私たちはジェウク氏のケースから3つの教訓を得ることができる。

ひとつ、10億円は大金だが、損失を出さずに一定の所得を得ようとすると、意外に少額なお金だ。逆に言うと、あなたに23万円の定期収入があれば、10億円を保有する資産家と大差ないということだ。一般に定期収入は、実際の金額の100倍の規模の力をもっていると言われる。**それくらい定期的な資産は価値が高く、高品質な資産なのだ。**

ふたつ、お金を守ることは、お金を稼ぐのと同じくらい難しい。お金を失わないように守ることは、簡単ではない。**必ず、その方法を学ばねばならない。**お金を稼ぐことは機会と運に恵まれれば可能だが、お金を守ることは学習と経験と知識が絶対に必要だ。

3つ、本当に10億円を手にしたとしても、月給23万円のサラリーマンの生活を踏み外した瞬間、財産は減っていく可能性がある。**これらの事実を認識し、つつましく暮らすべきだ。**あなたは10億円を稼げる人なのだから、いまのうちにこの知恵を学んでおこう。

小さな秘密 9

早くお金持ちになりたいなら、早くお金持ちになろうとしてはいけない

お金持ちになりたい人がいちばん犯しやすい失敗は、早くお金持ちになりたいと思うことだ。早くお金持ちになろうとして欲を出すと、判断ミスが多くなる。詐欺に遭いやすくなるし、利益の大きさに目がくらみ、気が急《せ》くあまりにリスクを忘れ、感情のままに投資してしまう。

そして、こうした行動はほとんど失敗に終わる。

運よく成功できても、こうして得られた資産や縁は、必ず次の失敗につながる。無理な投資や大きなレバレッジに頼る癖を直せず、もっているのは力の弱い財産ばかりだからだ。

こうした失敗から学べない人は、損失を取り戻そうとしてさらに無理な投資を重ね、むなし

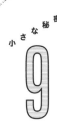

い夢を追いかけるようになる。

ついには絶望して世を恨み、偏屈な人間になって人生を終える。お金持ちになる近道はないのだ。

早くお金持ちになる唯一の方法は、

早くお金持ちになろうとしないことだ。

自力で財をなそうとするなら、40歳でも早すぎる。

20代や30代の若さで富を築いたとして、それを生涯守り切れる人は数えるほどしかいない。

お金持ちになるのにちょうどいい年齢は50歳過ぎだ。

若いうちは富を扱う技術が低く、投資や事業による利益に目を奪われがちだ。そのため手持ちの資産額に比べ、貯めて守る力が弱い。だから、資産を失ってしまう可能性が高い。

それに、早くお金持ちになりたいと思うのは、誰かと比べて自分を誇示したい気持ちがその本質だ。富は家を建てるように、コツコツと貯めていくべきだ。

・稼ぐ力
・貯める力
・守る力
・使う力

これらをまんべんなく身に付けるのは、50歳でも難しい。

この4つの力は、食卓の脚と同じだ。4本の脚のうち1本でも短かったり折れたりしていたら、料理を並べた瞬間、崩れて台なしになってしまう。

早くお金持ちになろうとせず、まず元手資金を作り、複利と投資を学び、経済用語を勉強して金融オンチを克服すべきだ。

必死で節約し、100万円でも1000万円でも元手を作り、**欲を抑えながら少しずつ資産を育てれば、資本が生む利益が労働で稼ぐお金より多くなる日が来る。**

この日こそ、あなたが本当のお金持ちになった日、経済的独立記念日だ。

この日を何度も記念し、あなたと家族の解放の日にしよう。

こうして富を蓄えた人は二度とお金に困ることはなく、その富も代々増えていくだろう。これが最短でお金持ちになる方法だ。

絶対に早くお金持ちになろうとしてはならない。お金持ちになる近道は、この事実を胸に刻むことから始まる。

小さな秘密 10

経済専門家が、本当はどれだけ景気を予測できるのか

OKANE HA KIMIWO MITEILU

専門家にも **経済は予測できない。**

これまで誰もできなかったし、これからもできないだろう。

もちろん特定の短期間なら予測は可能だ。しかし、マクロ経済（macroeconomics）において景気を正確に予測できる人はいない。凧を揚げて風向きを知ることはできるが、その風に飛ばされた風船がどこに行くのかわからないのと同じだ。

特に、学者や専門家の肩書のある人が数カ月後、数年後の景気を予測していても、**彼らの話を事実として受け入れてはならない。**

誰かの予測が一部当たることはあっても、それは占い師の言葉が誰かにとっては当たってい

て、誰かにとっては外れているのと同じだ。以前に予測が当たったときの経歴だけが紹介され、外れたときの経歴は消されているので、専門家のように見えるだけだ。もし景気パターンの原理を発見すれば、その人は1年も経たずに世界一の富豪になれるし、数年もあれば世界中の財産を手にできるだろう。

この分野にまだしも明るいのは経済学者や経済アナリストだろうが、彼らがほかの職業の人と比べてお金持ちだという証拠はどこにもない。

経済予測の特別な能力をもっていれば、経済番組に出演して景気予測をしたりはしないだろう。おそらく静かに関連商品を売って、大学やテレビ局を所有し、あらゆる事業の大株主になっているはずだ。

たまに正確な予測をして有名になる人もいるが、その人の予測が再び当たる確率はさほど高くはない。コインを投げてその裏表を当てた人が、続けて当てられるわけではないのと同じ理屈だ。

彼らの発言よりも恐ろしいのは、彼らの意見を信じて全財産をかけてしまう人たちだ。

誰も明日の株価がどうなるかはわからない。経営者である私も、自分の会社が来年どうなっているかわからない。専門家がその権威をもって金利や株価の変動について語っても、それはあくまでその人の意見であって、ほかの誰かの意見より重要なわけではない。だから賢明な投資家や専門家は、「この株価は上がりますか」「債券市場はどうなりますか」「これから反発しますか、さらに下落しますか」などと聞かれたら、こう答えるものだ。

「私にはわかりません」

「わかりません」が正解なのは、未来とは過去のデータの枠内で作られるものではなく、新たに訪れた未来がこれまでのデータに合流するからだ。**そのため規則性は存在せず、つねに予想外のことが起こるのだ。**

400年の歴史が証明した投資の「ふたつの真理」

経済学者の**ジョン・ケネス・ガルブレイス**(John Kenneth Galbraith)は、こう言った。

「世の中には2種類の人間がいる。『わからない人』と、『わからないということがわからない人』だ」

為替レートや株価の動向、原材料の価格など、経済全般を予測する人が、なぜ本を売り歩き、講演でお金を稼ぎ、ユーチューブで宣伝しながら、もっともらしい専門的解説と予測をしているのだろうか。私たちは「わからない人」であり、彼らは「わからないということがわからない人」であるからに過ぎない。自分が賢いと信じている人は、経済を予測し、予測に沿って投資をする。その予測が当たる場合もあれば、当たらない場合もある。それが真理だ。

人類が証券取引所を作ってから400年以上が経つが、いまだに

予測可能な理論は生まれていない。

投資の世界には不変の真理がある。経済予測は不可能であることと、確信には恐ろしい罰が待ち受けていること、のふたつだ。現代の経済構造のなかにあっても、この規則は変わらない。「般若心経」は、「人間は色《しき》・受《じゅ》・想《そう》・行《ぎょう》・識《しき》の五蘊《ごうん》から成り、その本質は空《くう》である」と説いている。すなわち「人間は何も知らない」という意味だ。**「何も知らない」ことを自覚してこそ、危機を脱することができる。**

つまり、わからないときではなく、

わかっていると思い込んでいるときが危機なのだ。

さらに、「わからないということがわからない人」は、予測が当たらなかったとき、自分が間違っていたのではなく運が悪かっただけと考える。

だが、わからないとき、わからないと思ったとき、人は慎重になり、警戒して万一に備えるものだ。わからないということがわかっていてこそ、私たちは個別の資産や企業について深く学び、情報を集めることができる。さらに事実関係を確認して、人に見えないものを見いださねばならない。これをもとに市場の流れに逆らう勇気をもった人だけが、市場よりも成功できるのである。

小さな秘密

11

株を買いに証券会社へ出かける人は、賢い？愚か？

私が株というものを初めて知ったのは、大学1年のときだった。

だが、身近に株をやっている人が誰もいなかったので、どこで、誰に、何を聞けばいいのかもわからなかった。もちろん資金もなく、いくらあれば株を買えるのかも知らなかった。

そこで私は、やみくもに汝矣島《ヨイド》〔ソウルを流れる漢江の中州。官公庁やテレビ局が集まる〕の証券取引所を訪れた。テレビの証券ニュースで見た取引所の場面を思い出したからだ。

「株を買いたいのですが」と、重いガラス扉の前に立つ警備員に告げると、すぐに**「出て行け」**と追い返されてしまった。

これが株との最初の出会いだった。

本書を執筆しながら、いまでも株は証券取引所で買うものだと考えている人がいるのだろうか、と思った。

しかし驚いたことに、最近サムスン電子の株を買うためにサムスン証券を訪ねた人がいるという話を聞いた。株のことを知らない人の思考水準は、30年前も今も変わらないようだ。ロッテマートに行かないとペペロ〔韓国のロッテが発売している日本のポッキーに似たチョコレート菓子〕が買えない、と思うのと同じだ。

実際、株式市場というのは、運も通じない恐ろしい場所だ。

株を売買するとは、会社を売買するのと同じことであり、会社を売買する人は金融、経営の世界における最強の捕食者だ。

こういう世界で株式投資に成功するには、経済用語をすべて理解できるほど勉強して、個別企業の経営状態を把握しなくてはならない。

また、国家の産業発展プロセスや、各政党の国家運営政策に関する全体的知識も必要だ。加えて、人文学的知識はもちろん、人間の欲望や恐怖、挫折を冷静に回避できるという自信も必要だ。ロッテマートに行かないとペペロを買えないと思っているような人は、サムスン電子の株をたまたま安値で買えても売り時がわからず、色んな意見に惑わされ、大して利益を得られない。
売買を繰り返すうちに元本を割り、損失を取り戻すために危険な銘柄に手を出してしまう。

投資は「誰に」教わるのが正解なのか

もしあなたが株式投資を決意したなら、自分の会社を経営するように、あるいは大学に入ったつもりで、**4年間は勉強してほしい。**よい先輩がいれば、訓練の期間を短縮することもできる。

私の場合、**ウォーレン・バフェット、ベンジャミン・グレアム**（Benjamin Graham）、**ハワード・マークス**（Howard Marks）、**アンドレ・コストラニィ**（André Kostolany）のような人たちから学んだ。彼らは投資家としての長期的成功と（長期的成功は非常に重要なポイントだ）、人生に対する哲学的省察を兼ね備えている。彼らの投資哲学を受け入れた先輩であれば、学ぶ価値があるだろう。

投資や事業においては、「往年」とか「理論」とかと口にする人を、私は信じない。私が信じるのは、投資や事業で長期にわたり成功し、いまもしっかり稼いでいる人だけだ（ここでも長期の成功は非常に重要だ）。

成功の経験や優秀な理論は、どんなものでも

長期にわたる検証によって証明される必要がある。

長期とは、少なくとも1世代（30年）以上のことだ。短期的な成功や単発的な大成功を収めたからといって、その人を信じてはならない。

また、自分で成果を出していない理論家も信じることはできない。カジノでいつも稼いでくる友人がいる。彼は毎回、大当たりした証拠として、チップを現金に引き換えた領収書を見せてくれる。

しかし、大当たりが出るまでにどれほどお金を注《つ》ぎ込んだのかは、誰も知らない。お金をすった日はカジノに行ったことを秘密にしているのかも知れない。

株での大成功も、それと同じだ。

株の売買が投機ではなく投資だったことを証明するには、長期にわたり少しずつ成功したことが証明できなくてはならない。サムスン電子の株を買いにサムスン証券に行くような人に、どんな助言ができるだろうか。証券会社の社員も、実は投資については何も知らない。彼らはただ、デスクの前に座っているだけだ。彼らに投資の才能があれば、証券会社でストレスのかかる過酷な仕事をする必要はないだろう。**証券会社の最良の社員とは、「私にはわかりません」と答えてくれる人だ。**

こんな話がある。

釣りを始めた隣人が、だんだん腕前を上げてきた。最初は手のひらより大きな魚を釣ったと自慢していたのが、やがてそれは手の先から肘ほどの大きさになった。数年後には、両手を広げて釣果を誇るようになった。いまや堂々たるプロ釣り師になった隣人は、今度は両手ではなく、親指と人差し指を一杯に広げて見せた。「あまり大きくないね」と私が言いかけると、彼は「これは魚の目と目のあいだの長さだよ」と言った。魚はどんどん大きくなるが、隣人は釣った魚を実際に見せてくれたことは一度もない。

真実はいつも藪《やぶ》の中。だから初心者は、自分の目で見ないかぎり何事も信じないことをお勧めする。

小さな秘密 12

「他人をどう呼ぶか」で知らぬ間に運命は変わっている

数年前、ある新聞社の記者の紹介で、韓国の有名な実業家に会ったことがある。韓国だけでなくアジアを股にかけて事業を展開しており、とても情熱的な人だった。その仕事ぶりはきめ細かく、かつ自信にあふれ、国際的な競争相手から容赦ない攻撃を受けても、軽々とかわしていた。私はその独創的なアイデアと自信に満ちた経営方針に、深い感銘を受けた。だが、時間とともに気にかかることが少しずつ増えていった。

彼は自分の事業について話すときは、弁舌もさることながら、目が爛々《らんらん》と輝き、聞く者の注目を一身に集めることが楽しくてたまらないという風だった。

ところが、ほかの人が会話をリードし出すと、すぐにつまらなそうな顔をして話の輪から外れるのだった。自分が会話の主人公でないときはじっと押し黙り、会話に参加して質問したり、興味を示したりすることもなかった。

また、**彼は会話に出てくる有名人をぜんぶ「あいつ」呼ばわりしていた。**

オバマ、キャリー・ラム（香港の行政長官）、孫正義《そんまさよし》だけでなく、自分の友だちもみんな「あいつ」と呼んでいた。現職の長官でも、国会議員でも、後輩でも、部下でも関係ない。彼には、自分の事業の広がりや人脈を自慢したいという思惑があったのだろう。私もこの場からいなくなれば、「あいつ」と呼ばれるに違いない。

最悪だったのは、彼が最近夢中になっているゴルフについて、いつまでも話し続ける姿だった。その場にいた者たちは誰もゴルフをしないのに、ひとりが森林公園の話題を出せばその近所のゴルフ場の話をし、東南アジア旅行の話が出てもゴルフの話をし、さらにはクルーズの話さえもゴルフに結びつけた。船の甲板から海に向かってショット練習でもしたかったのだろうか。

彼の情熱や事業的才能は、もはや輝きを失ってしまった。事業には成功したものの、彼のそばにはよい友人がひとりも残らないのではないかと思うと気の毒になった。その日の集まりにいた人で、**彼の名刺を大事にとっている人は誰もいないだろう。**

その場にいない人を見下すことでは決して自分を高めることはできないし、他人の関心事に興味をもてなければ、彼の運はそこで尽きてしまうはずだ。

口汚い人は、悪臭をまき散らしているのと同じ

私がこの話を書いているのは、

じつは自分のためだ。

最近、私も先生と呼ばれることが増え、事業規模も大きくなった。そして人脈を自慢しようとして、有名な弟子たちを指して「あいつは」、「そいつは」などと呼ぶようになっていたのだ。プライベートな場でも先生面をして長広舌をふるっている自分に気づき、ぎょっとしてしまった。彼の姿が自分の姿と重なって、反省することになった。

こんな些細《ささい》なことが人生や運、さらに経済的環境まで根こそぎ変えてしまうものだ。私はそう信じている。**頭のかたい年寄りになるまでは一瞬だ。**そうなった瞬間、縁も幸運も財産も、すべて消えてしまうものだ。だから、すでに成功している人は自分を振り返ってみよう。

また、これから成功して豊かで安定した暮らしをしたければ、絶対に彼のような軽薄な態度をまねてはならない。先輩や友人を尊重し、後輩や弟子に温かく接し、裏表のない態度を心がけるべきだ。口数を減らし、人の話に耳を傾けよう。これができる人は、誰からも深く愛され信用されるだろう。運も愛と信用から生まれるのだ。

人間の心は言葉に表れる。心がこもっていない言葉では、誰かを感動させたり、生き方を変えたりすることはできない。まずは心の交流が大切だ。理論や論理はそのあとからついてくる。話上手で論理的だからといって、尊敬されるわけではない。**真心さえ見えれば、志や考えが自分とは違っていても、相手を尊重できる。**言葉は、その人の心から匂い立つ香りのことだ。よい香りか悪臭かは、その言葉からわかる。幸運も幸福も、よい香りについてくるものだ。

小さな秘密
13

運がいいのは「実力」のたまもの、運が悪いのは「習慣」のなれはて

何をやってもうまくいかない人がいる。

苦労して店を出した翌月に店の前で道路工事が始まり、道を歩けば足首をくじき、詐欺や交通事故に遭ったりもする。

本人は「運が悪かった」と思うだろうが、こんなことが続く人は、自分の生き方を一から見直してみるべきだ。急な思いつきでろくに確認もせずに店を開くから、事業が思ったようりうまくいかず、そんな状況に頭を悩ませながら急ぎ足で歩くから、歩道に空いた穴に足を引っかけて捻挫するのだ。

さらに注意散漫な行動が重なり自動車事故につながる。実際、これらの出来事はすべて関係している。運が悪いのではなく、**運の悪い環境に自分を追い込んできたせいで不運が重**

なるわけだ。

こんなトラブルが頻発するときは、人生があなたの生き方に警告を与えていると見るべきだ。

そして大事故が起こる前に、ふだんの生活全般を点検しよう。大事故というのは、小さな事故が積み重なって起こるものだからだ。

お金をないがしろにしていないか、無駄な人間関係が多すぎないか、食事は簡素なものを規則的にとっているか、生活に乱れはないか、人の悪口ばかり言っていないか、汚い言葉を口にしていないかなど、すべての面でまず自分を反省することだ。

仕事でつまずいていたら、食事を変えよう。

腹八分目とし、味の濃いジャンクフードを控え、3食規則正しく食べるだけで、運がめぐってくるだろう。

定時に食事をするには、規則正しい生活をし、付き合う人も厳選しなくてはならない。

これがスタートだ。すると身が軽くなり、運動したくなる。歩いたり身体を動かしたりすれば頭がさえてきて、欲求と欲望を区別できるようになる。そうすれば、自分が動くべきときが見えてくる。するとまわりの人たちが動いてもじっと我慢することができ、自分ひとりで反対側に立っていても、その怖さに耐えられるようになるのだ。

多くの人脈の中に隠れていた真の友人も、このときに現れる。すべてがうまくいくようになり、健康も財産も人脈もあなたの手に入る。

なぜか運がいい人の「正体」とは何か

一方、ふだんから運がいい人もいる。

景品の抽選によく当たり、じゃんけんをすれば勝ち、駐車場に行けば必ず空きがある。事業もすいすいうまくいく。

こういう人は、**じつは運がいいというより、ほかの人より鋭くて賢いのだ。**

景品の応募用紙を箱に入れるとき、半分に折っておけば、抽選の際に平たい紙よりも手に引っかかりやすい。

じゃんけんでは、男性はグーを出す確率が高く、女性はチョキを出す確率が高い。だから、男性に対してはパー、女性に対してはグーを出せば、勝率が上がる。また、手首に力が入って筋が見えるときはグーを出す確率が高い。グーを出して負けた人は次回はパーを出す確率が高く、パーで負けた人はチョキを出す確率が高い。

運のいい人は、たまたま運がいいというより、このようなコツを覚えているのかもしれない。

こうした人は、事業でも時代にマッチしたアイテムをうまく見つけ出し、頭ひとつ抜きん出る。何をしても、すいすいとうまくいく。はたから見ると運だが、当人にとっては勉強と観察を積み重ねた結果なのだ。

この手の人が最も気をつけるべきは、**自分は運がいいと錯覚しないことだ。**

周囲からあなたは運がいいと褒められ、自分もそうだと信じたとたんに、大やけどを負う可能性がある。

自分の運を信じて、不確実で無謀な投資に手を出してしまう。それがたまたま成功することもあるので、周囲から羨望の目で見られたりもする。

しかし、これは観察や学習とは無関係なただの運だ。運は繰り返されることはない。たった一度の失敗で、すべてを台なしにしてしまうこともある。慢心に陥ると、まったく見込みのないことに確信を抱き、運を実力だと信じ、推測を知識だと考えるようになる。だから、私は運のいい人に対しても、悪い人に対しても、**毎日決まった時間に、食べすぎることなく、簡素な食事をとるようお勧めする。**

小さな秘密 13
運がいいのは「実力」のたまもの、運が悪いのは「習慣」のなれはて

小さな秘密 14

「お金を生む情報」はニュースの中に隠れている

2020年3月から4月にかけ、新型コロナウイルス感染症(COVID－19)の恐怖に世界は震撼《しんかん》した。

NYダウ平均株価は3万ドルを目前にして暴落し、2016年10月と同水準の1万8000ドル台にまで落ち込んだ。マスコミは連日、各国の感染者数と死者数を集計して国ごとに順位をつけて発表し、人々を震え上がらせた。経済専門家たちは大恐慌や過去の経済危機との類似性を探しては恐怖を煽《あお》り、大半の株価が企業の資産価値を下回ることになった。

新型コロナから始まった問題は、**流動性の問題**につながった。

ハイ・イールド(High Yield)債(低格付け・高利回り債券。ジャンク債)のデフォルト(債務不履行」を手始めに、優良企業に至るまで連鎖倒産が懸念される状況になった。

アメリカの失業者数は3月の2週間で995万人に上った。

これは世界金融危機当時の2009年における半年分の失業手当申請件数にあたり、通常の50倍以上にもなる。

それまでわずか3・5%だったアメリカの失業率は17%に達した。失業の増加は、所得格差の拡大をもたらす。

アメリカの黒人の失業率は急上昇し、3月の5・8%が4月には16%へと跳ね上がった。

雇用市場の悪化は、その後の生産、消費、投資、実物経済など、すべての悪化へとつながる。

1929年の大恐慌を連想するのも当然だった。アメリカ、イギリス、ヨーロッパのいわゆる「先進国」は、こうしてはかなく墜落した。

それらの国々は先進国というより、ただの大国に過ぎなかったのだ。

各国のコロナ対策や医療システムは失望そのものであり、国家的リーダーが感染するとあわてて都市をロックダウンした。

韓国は早期に厳密な対策をとって危機を耐え抜いていた。

世界経済の中心だったアメリカは、最も恥ずべき結果をさらけ出した。

ニューヨークの感染者数は中国全体のそれを上回り、**1日で600人以上の死者を出すに至った。**

コロナ発生の初期には、自信満々に最高の医療システムを誇っていたトランプ大統領（当時）も、犠牲が最小限であることを望むと述べて、尻尾を巻いて右往左往するばかりだった。

企業も個人も、現金の確保に躍起になった。

株を買うなど、とんでもないことに見えたのだ。

恐怖が恐怖を生んで、誰もが株を投げ売りし、ほんの数カ月前まで盤石に見えた世界経済は、一瞬で崩壊してしまった。

価値投資や長期投資で名高いウォーレン・バフェットでさえ、買い増しした航空株を1カ月も経たないうちに売却し、莫大《ばくだい》な損失を出した。

悲観的な専門家たちは、この恐慌には絶対にV字回復はあり得ないと言って、W字型だの、L字型だの、U字型だのと言い始めた。

世界が混乱していても「唯一」信じられるもの

実際、**未来は誰にもわからない。私は事実だけを信じることに決めた。**

この恐怖のなかでも依然として希望を見いだす者はいる。

彼らの希望はなんなのか、私は気になった。

恐怖が極限に達した3月中旬、私は株を買い始めた。

本音を言えば怖かった。

そこで株への投資は保有する現金資産の3分の1ほどとし、さらに下落した場合に備えた。

私が恐怖のなかで希望を見いだしたのは、コロナ感染者の累積数ではなく、感染者の増減比率と期間だ。

多くの国で、コロナ感染はピークに達したあと、1カ月ほどすると減少した。感染者数は日々増加するので、累計数のグラフは右肩上がりとなる。

しかし、増減比率は前日と比べて感染者数がどれだけ増えたのかを見るので、グラフは右肩下がりとなる。ほとんどの国で、流行の初期には油断していて感染者数が増加し、**恐怖が極限に達したころから1カ月ほどで落ち着くというパターンを示していたのだ。**

そこで私は感染者数ではなく、その増減比率に注目することにした。

増減比率を基準にすると、ピークを過ぎるとすぐに対策が取られて感染者が減少することがわかる。
中国、韓国、イタリアが類似したグラフを描いてピークを越え、スペイン、フランス、ドイツが似たようなパターンを描いてあとを追った。だとすれば、アメリカ、イギリス、カナダも同じパターンになるだろう。

市場が恐れるのは、現在の状況よりも、状況の不確実性だ。だから、株式市場の未来は現在を見てもわからない。事実は誰もが知っている。しかし、その事実が指し示している未来がどんなものかは、誰にでもわかることではない。

現在の投資が成功したかどうかは、数年は経たないとわからないが、明らかな事実がひとつある。ダウ平均株価が2万9000ドル台にあって3万ドルの大台を目前にし、なんの心配もいらないように見えていた「コロナ禍直前」の好況期に、じつはリスクが最も大きかったこと。

そして、ほとんどの人が巨大な恐怖に脅えて株を投げ売りし、**ダウが1万6000ドルを割り込んだ「コロナ禍の真っ最中」こそが、リスクが最も小さかったという事実だ。**

もし再びダウが1万ドルまで下落しても、2万9000ポイントを回復する前に、必ず恐怖の1万9000ドルを通過するのは確かだからだ。

小さな秘密

15 お金によって時間の流れは違う

映画『インターステラー』には、時間の流れが一定でないことを示す場面が出てくる。地球を発《た》った宇宙船がワームホールを抜けて別の遠い銀河系にワープしたとき、宇宙船のなかでは2年しか経過していないのに、地球では23年の歳月が流れている。ブラックホールの影響などで重力場が強くなった場所では、時間が地球よりもずっとゆっくり流れる。

ガリレオは「すべての運動は相対的で、互いに等速度で運動する観察者には同等にニュートンの物理法則が成り立つ」という相対性原理《そうたいせいげんり》を唱えた。

しかし、後の科学者たちが「光の速度は常に一定である」という事実を発見したことで、相対性原理は挑戦を受けた。

汽車に乗っているときに相手方の速度を求めるには、すべての観察者に「速度の合成の法則」という物理法則が適用されるが、光の速度を求めるときは「速度の合成の法則」は適用されない。アインシュタインはこの矛盾に対して、「特殊相対性理論」を発表した。止まっている人と動いている人の時間の流れが違うことを証明したのだ。

難しい物理法則はやめて、もっと簡単に説明しよう。

例えば、恋愛したり情熱的に働いたりしているときは時間がたちまち過ぎるが、狭い飛行機の座席に座っていると、数時間が丸1日のように長く感じる。給料日までの1カ月は長いが、借金の返済日はすぐにやってくる。

また、年を取れば取るほど時間は早く流れる。

60歳の熟年にとっての1年は60分の1ほどに短く感じられるが、6歳の子どもにとっての1年は10年ほどにも感じられる。人にとっても世の中にとっても、時間は常に同じように流れるわけではない。

お金もそれと同じだ。**お金も特殊相対性理論の影響を受けている。**

お金の額や出どころによって、
それぞれ時間の流れは異なる。

同じ額のお金でも、その出どころ次第で時間の流れ方が違うのだ。

また、お金の持ち主によっても異なる時間が流れ、持ち主が同じでも時間の流れ方が違うこともある。同じ投資に使うにしても、**時間が多くてゆっくり流れるお金は、ほかのお金が準備できるまでどっしりと構えて待つ。**

だが、時間のないせっかちなお金は腰が軽く、ほかのお金を待っている時間がない。時間に余裕があってこそ、友だちとつき合い、恋愛や結婚ができるものだ。同じ時期に株に投資されたお金でも、来年の結婚資金になるお金もあれば、来学期の学費に使われるお金もある。いちばん怖いのは、借入金のレバレッジだ。レバレッジを効かせるために借入金比率を高めると、そのお金は人食い人種のように元金をむさぼり、元金ばかりかその主人まで呑《の》み込もうと襲いかかってくることもある。一方、特にどこかに行くあてもなく同じ場所に居を構え、10年、20年と配当を受け取っているお金もある。

人間の目には金額だけが見えるが、じつはそのお金がつくられ、育ち、主人のもとを訪れる過程は、それぞれ異なっている。

だから同じ主人の懐に入っても、あるお金は時間に余裕があり、あるお金は時間がない。どの主人の懐に入ったかによっても、お金は異なる時間をもつ。**主人が手持ちのお金に時間の余裕を与えていれば、新しく入ってきたお金にも時間の余裕が生まれる。**また、お金がたくさん入ってきたからといって、その主人がそのお金に時間の余裕をくれるとは限らない。主人の品性がお金以上によくなければならない。

よい主人に出会ったお金は、さらに余裕をもち、豊かになる。よく考えてよい場所に送ってやり、早く実を結べとか子どもを産めなどとせっついたりしなければ、お金はさらに安心し、よいパートナーと出会って多くの実を結んでくれる。不思議なのは、時間に余裕のあるお金が生んだお金は、親のお金と同じく、また余裕のあるお金を生んでくれることだ。

このように、時間に余裕のあるお金を使えるようになってこそ、お金に使われることのない、**お金の本当の主人になることができるのだ。**

小さな秘密

16

「卵はひとつのカゴに盛るな」を勘違いしてはならない

「卵はひとつのカゴに盛るな」。

これは有名な投資の格言だ。

じつはこの言葉はイタリアの古いことわざだ。

たぶん卵をひとつのカゴに山盛りにして、敷居でつまずきぜんぶ割ってしまったことのある農民が残した教訓なのだろう。

そして、アメリカのある翻訳家がセルバンテスの小説『ドン・キホーテ』を翻訳した際に、**「知恵ある者は明日のために今日退くことを知っており、1日ですべてをやるような冒険はしない」**という言葉を意訳したときに使われた。

その後、分散投資に関するポートフォリオ理論（Portfolio Theory）に寄与した功績で1981年にノーベル経済学賞を受賞した**ジェームズ・トービン**（James Tobin）が、彼の理論を一般人にも理解できるように説明してほしいという記者の求めにこう答えた。

「投資の際に、リスクと収益に従って分散投資すべきだという意味です。言い換えると、手持ちの卵をすべてひとつのカゴに盛ってはならないのです」

以降、「卵はひとつのカゴに盛るな」は、最も有名な投資の格言となった。

そして、この言葉が投資の格言となったことで、セルバンテスが言いたかった「1日ですべてをやるような冒険はするな」という人生哲学は、投資するにあたりリスクを減らせ、という意味に変わってしまった。

さまざまな銘柄に分散投資すれば、互いにリスクを相殺し、危険を低くできる。これをポートフォリオ効果と言う。ヘッジファンドの大家《たいか》**レイ・ダリオ**（Ray Dalio）も、**「投資において真っ先にやるべきことは、予想外の未来に備えて戦略的資産配分をすることだ」**と言っている。分散と資産配分を、投資の最重要の原則として指摘したのだ。

ところで問題は、**それらのカゴ全てをひとつの棚に載せることだ。**さまざまな株に分散投資することは、カゴが複数あるというだけで、それらのカゴをすべて同じ棚に載せているのと同じだ。棚が倒れることだってあるではないか。

あるいは不動産投資を株式投資のようにしている人がいるとしよう。もし彼がマンション、土地、オフィス、商業用賃貸物件など不動産だけに全財産を投資したとしたら、これは分散投資とは言えない。棚が倒れたら、マンションも土地もオフィスも商業用賃貸物件も倒れてしまうからだ。

伝統的な投資対象には、預金、積立、不動産、株、債券、実物資産などがある。このうちひとつの市場のなかであれこれ商品を買って「卵を多くのカゴに分散させた」と思うのは危険だ。

よいポートフォリオは、投資者の「平常心」を維持してくれる。ポートフォリオ理論でノーベル経済学賞を受賞した**ハリー・マーコウィッツ**(Harry Markowitz)は、平常心を保つことが投資成功の最も重要なカギだと言う。彼もまた、債券と株式に50対50で分散投資したそうだ。

経済学者**メイア・スタットマン**（Meir Statman）の調査によれば、十数種の銘柄から成るポートフォリオは、突発的な危険を84％まで回避できるという。

私も株式を十数種の銘柄に分散し、さらに債券、預金、不動産等に資産を振り分けた。卵をいくつかのカゴに入れたうえで、さらにそれを食卓、棚、冷蔵庫、机などに分けて置いたのだ。もちろん分散もやり過ぎると利益も分散してしまうので、各市場についても勉強が必要だ。私は資産を増やそうと思うときは集中的に投資し、資産が資産を生むときは分散投資の原則を守る。

すなわち、攻撃手として繰り出す資産は攻撃的に一点集中型の投資をおこない、守備側として守るべき資産は広く分散させる。この資産は必ず守るべきだと思うなら、ぜんぶを棚の上に載せてはいけない。

ゆっくり、しっかり、失うことなく稼ぐのが、いちばん多く稼ぐ方法だ。

小さな秘密 17

お金持ちになるには「誰かの成功」に便乗するのが近道だ

お金持ちになる方法は3つしかない。

遺産を相続するか、宝くじに当たるか、事業で成功するかだ。

親がお金持ちでないなら、このなかで最も簡単なのは事業で成功することだ。宝くじの当選確率は事業で成功する確率よりはるかに低い。たとえ当選したとしても、お金の質が悪すぎて、ずっとお金持ちでいられる確率はほとんどない。

事業に成功する方法はふたつある。

ひとつ目は、自分が起業することだ。

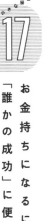

起業は、血を流し骨を削るような苦痛に耐える勇気をもち、すべてをかけて死ぬ気でやってこそ成功できる。成功してからも、事業を守るために一瞬も油断してはならない。アイデアを出し、会社を設立し、資本を求め、労働と管理を並行する必要がある。

消費者に認められるのも、決して簡単ではない。もちろん成功できれば、それは自分の人生への最高のプレゼントとなる。自己決定権をもち、自分がやりたいことのできる自由、やりたくないことをしない自由が手に入るのだ。

ふたつ目は、誰かの成功に便乗することだ。

常に勝ち馬に乗るわけだ。先頭を走る馬に乗り、ほかの馬に追い越されたら、すぐにその馬に乗り換える。誰からも非難されることではない。

この方法は、自分で起業するよりも安全だ。若いうちから始められるし、会社に勤めながらでもできる。すでにひとつの分野で成功している一流企業がある。それらの企業は自社の価値を数百万、数千万ピースに分割し、誰もが売買できるようにしている。

それを株式と言う。

株はいつでも、1株からでも購入できる。銀行や証券会社に行けばその場で証券口座を開けるし、スマートフォンのアプリでもアカウントをつくることができる。株を買うためにその会社に行ったり、連絡したりする必要もない。金融機関が取引を代行しているからだ。

こうした会社の株をもっていれば、会社が成長するにつれて株の価値も上がり、年1回、または年2回の配当を受けられる。業績好調な企業、有能な経営者を見つけて、その会社の株を買い集めることは、自分で起業するよりもずっと簡単だ。

しかし、ここで気をつけるべきことがある。株を買ったなら、値上がりしたら売ろうという考えを捨てるべきだ。つまり、**株は売るものではなく、買うだけのものだと考えるべきだ。**

買った株の値段がすぐ上がったからいいというものではない。長期に、ゆっくりと上がるのがよい株なのだ。そうすれば、お金がもっと貯まったとき、このよい株式をさらに買い増しできる。配当が出る株なら、一生売らなくてもいい。

もしあなたがその会社の創業者や経営者なら、その会社の株を売らないだろう。1株でももっていれば、あなたはその会社のオーナー（社主）だ。だから、あなたも社主になったつもりでその会社について学び、経営状況を見るべきだ。

会社の社長とは、株主から雇われて経営を任されているに過ぎない。社長が経営を誤ったり、会社の本質的な価値が失われない限り、株は売るものではない。そして社長のように、その会社の決算報告書、事業報告書、財務諸表を読んで理解し、その会社の製品に対する消費者の反応と評価について、社長と同じように耳を傾けるべきだ。

あなたを最も成長させる「株の選び方」

このように言っても、実際に行動に移す人は多くないだろう。よい会社をどう探すのかわからないし、意外に難しい経済用語が立ちはだかるからだ。もし、あなたが中高生以上なら、これから私が提案する方法を試してほしい。

ひとつ、**あなたが最も関心のある分野で、最も成功している会社を探す。**その業界で時価総額が最も大きい企業を選べばよい。その分野のトップであることは非常に重要だ。トップの企業はほとんどつぶれることはなく、市場が危機に陥っても「大石死せず」と言われるように、むしろトップがその業界を一手に牛耳ることもあるし、価格決定権ももっている。業界トップの企業を選んで、自分の経済状況に合わせて、毎月1株以上買っていくようにしよう。とにかく買うことが大事だ。

株を買わずに勉強するのと、株を保有した状態で勉強するのとは完全に違う。

まず、事業を見る目が変わる。1週間でも株をもてば、その企業の関連ニュースや業界の情報が目に入り、経済用語が自然と理解できるようになる。こうして1年間、コツコツと株を買い続けよう。株価が下がってもかまわない。下がれば安く買えるわけだし、上がれば上がったでいい。

心配すべきは、早く上がりすぎることだ。

繰り返すが、いちばん早くお金持ちになる方法は、ゆっくりお金持ちになることだ。

結論を言うと、早くお金持ちになろうと考えている人は、まわりの人がお金持ちになるのを手伝っているだけだ。

こうして5年、10年とコツコツ株を買い集めるうちに、あなたもだんだん「事業家」になっていく。

その会社の株主総会に出席し、社長の事業報告を聞き、その会社のロゴ入りタオルの1本ももらってくる。自分の会社だから、その会社の製品を使い、知人にも紹介する。製品がひとつ売れるたびに、このうち数百万分の1は自分のものだという気持ちで会社を見てみよう。あなたは社主なのだから。

株主とは、会社のオーナー（社主）だ。このように事業家の心をもてば、業界全体を見る目が肥え、産業を理解できるようになる。国の経済や国家間の利害衝突、金融市場全体にまで関心は広がる。また、これは政治とも関係するので、いずれあなたの哲学と事業の利害を代弁する政党に投票することで、社会参加が可能になる。

だから、**株式投資を始めるのは早ければ早いほどいい。**

もし10代、20代からこうして産業を見る目を育てながら、サラリーマンとして働く一方で投資を続けていれば、40歳くらいで資本所得が勤労所得を越える日が来るはずだ。同僚たちはそのころから下り坂になるだろうが、あなたは自由を得たお金持ちになっているはずだ。

私が若かったころに、こんな話をしてくれる人がいたら、どれほどよかっただろうか。

だから、あなたにも今日からただちに、よい会社の株を1株でも買ってもらいたい。

小さな秘密
18
投資していないお金は、死んでいる

貯金できない人の言い訳のナンバーワンは、収入が少ないのでお金が足りないから、というものだ。

しかし、お金が足りないのは、未来の収入をあてにして、いまお金を使ってしまったからだ。いま使った分は時間が経つにつれて過去の負担として蓄積し、**結局は現在と過去の両方から苦しめられることになる。**この状況を招いた張本人は自分自身だ。

収入は少ないのに金遣いが荒く、多少なりとも残ったお金も、こんな少額では投資に回しても仕方ないと考え、貯蓄できない人がいる。だが、こうした人は収入が多くても同じことを言うものだ。収入が増えただけ消費も増え、クレジットカードで未来の収入を使ってしまうのだ。

高給取りや事業で稼いでいる人にも、こんな人は多い。だから、貯金ができないのは収入が少ないからではなく、生活態度の問題だ。

絶対に未来の収入をあてにして、いま使ってはならない。クレジットカードにハサミを入れて、デビットカードを使うべきだ。クレジットカードのポイントのことは忘れよう。それはカード会社からのプレゼントではない。**ポイントの目的は、「もっと使わせること」、「ポイントを貯めるために購入させること」だ。**ポイントで消費者を惑わせ、無用な物を買わせて消費を増やすという手法だ。

これはまるで、卵を取ろうとして雌鶏《めんどり》を殺すようなものだ。

手持ちの現金がなくても、未来の収入で買えるからという理由で、数%にもならないポイントに目がくらんで消費の限界を崩してしまうわけだ。

ここで最も多い言い訳は、どうせ必要なものだから、ポイントをもらったほうが賢い、という理屈だ。

しかし、この理屈が正しければ、カード会社はポイントサービスをとっくに廃止しているだろう。今月からカードを使うのをやめて、デビットカードや現金に切り替えれば、**無駄遣い**

が目に見えて減ることがわかるだろう。その利益はポイントより多くなるはずだ。

1万円分のポイントを貯めるには100万円分の買い物が必要であり、そのうち数十万円は無駄遣いだからだ。カードを使うのは本当に馬鹿げている。

物を粗末にする人も、絶対にお金持ちになれない。

物や商品は無生物だと思うから粗末にするのだろうが、すべての物は自然から得た原料と人間の労働時間が合わさってつくられた、いのちの副産物だ。**すべて生物に由来している。**

長く使う物や外に持ち出す物には、可愛いシールを貼ったり、ラベルライターで名前を印刷して貼っておくのがいい。主人《あるじ》の名前をつけたものは、その瞬間から命をもつ。たとえ失くしてしまっても、また主人のもとに返ってくる。

持ち帰ったら決まった場所に置くようにし、使用後には清掃したり磨くなどして、キズを防ぐ。たまに使う物や季節性の製品はきれいに包装してホコリから守り、いつでもすぐ使えるように管理しておこう。富は、物を大事にする人のところにやってくる。なぜなら、財産とは結局、物が集まったものだからだ。

資産ができたら「その日にすぐさま」投資すべき

小さなお金は大金の種であり、資本になる若いお金だ。種を粗末にし、子どもの面倒を見ない人には、何も育てられない。お金を少しずつ集めて種銭《たねせん》をつくり、投資や事業の呼び水とするのが成功の基礎だ。基礎を固めずに建てた家をバラックと言う。大きくつくることもできないし、風が吹いただけで飛んで行ってしまう。

すべての投資は

小さなお金から始まる。

小さな投資から始まった投資の経験が、大きな投資を可能にしてくれるのだ。資産ができたら投資をすべきだ。**投資しなかったお金は死んだお金だ。**実際、タンス預金はそのまま置いておくと、インフレという毒を飲んでゆっくりと死んでいく。投資の知識や経験のない主人のもとにあるお金は、ひっそりと孤独死したり、隙を見て逃げ出したりするだろう。いますぐ本を閉じて、ハサミでクレジットカードを切ってしまおう。それがお金持ちへの第一歩だ。

第2章

君が独立する日はいつか

75の小さな秘密

19-36

小さな秘密

19 経済用語を勉強すれば、資産を守る「城壁」となってくれる

韓国銀行は2018年、『金融経済用語700選』というパンフレットを発行した。国民に正しい経済知識を知らせ、金融理解度の向上を図るという。その結果、経済に関する合理的な意思決定を助けることを目的としている。パンフレットのファイルデータは、韓国銀行のサイトから無料でダウンロードできる。記載された用語は、経済活動をしながら暮らす現代人なら、誰もが必ず学ぶべきものだ。このような経済教育は、高校の正規の科目に取り入れるべきだと、私は考えている。

昔は田舎暮らしの老人には字の読めない人も多く、息子から届いた手紙を郵便配達員が読んであげた、などという話もあった。中世ヨーロッパでも、字を知らない人は聖職者が読んでく

れる聖書の解釈と教えに従うしかなかった。聖書が読めないため、神と直接交流する方法がわからなかったからだ。

このように、**字を知らないと悲しく貧しい人生を送る**ことにもなる。

現代では、コンピューター・オンチがそれにあたる。いまの世の中、コンピューターやスマートフォンを使えなければ、どこも雇ってはくれない。デリバリーの仕事もできない。デリバリーの配達員は、複数台のスマホを同時に見ながら仕事をしている。移動は業務の一部に過ぎない。スマホの使い方がわからなければ、現代の情報社会では下層民になるしかない。最近はお坊さんもLINEを使うし、牧師さんもFacebookをやらないと信徒との交流ができない。

金融オンチも、文字やコンピューターを知らない人たちと同レベルだ。金融の知識は生存に直結する問題だからだ。アメリカの経済学者で第13代連邦準備制度理事会（FRB）議長を務めた**アラン・グリーンスパン**（Alan Greenspan）は、「文字を知らないと生活に支障を来すが、金融についての無知は生存を危うくするから、より恐ろしい」と語っている。金融知識をもたない人は、城壁の崩れた城を守る城主のようなものだ。財産を誰かに奪われても気づかず、守ろうにも守り切れない。資産を貯めようとしても、自分の価値と相手の価値を知らないので、いつも法外な金額を支払ったり、安価で売り払ったりする。だから、実生活において、文字やコンピューターを知らない人以上に、悲惨な人生を余儀なくされる。自分の城を築き、財産を守り、資産を城内に貯めるといったすべての金融活動は、まずは基本的な用語を理解するところから始まる。

調査によれば、韓国の成人の金融理解度はOECD平均より低い。世代別の理解度を見ると、30代が最も高く、続けて40代、50代、20代、60代、70代の順になっている。

月収25万円未満の層で金融理解度が**58点**である一方、25万円以上～42万円未満の層では**63点**、月収42万円以上の層では**66点**だった。

20代と60～70代が金融詐欺に最も騙《だま》されやすく、投資リスクが高いのも、金融理解度の低さにその原因がある。

収入が高い層ほど金融知識も豊富だが、それは金融知識があってこそ、所得を増やし財産を守ることができるからだ。

つまり、金融知識は素晴らしい生活ツールだと言えよう。老若男女を問わず、金融知識の不足は投資や金融に関する誤った決定を引き起こす。そしてついには債務不履行や貧困層への転落など、社会全体の問題につながるのだ。

あなたのお金がどれだけ垂れ流しになっているか

次ページの用語リストは、韓国銀行が国民に知っていて欲しいと考える金融経済用語から約100個を抜き出したものだ。

このうち80%以上理解できれば、あなたはほぼ完璧な城壁を築いた城主と言える。

50~80%程度なら悪くはないが、もう少し勉強してから投資すべきだ。

もし知っている用語が50%未満で、これまで関心もなかったなら、何をおいてもこれらの用語から学ぼう。

3日でも早いほうがいい。あなたのお金が毎日、城壁の穴から垂れ流されているのだ。

いくら一生懸命に働き、真面目に見守っていても、なんの意味もない。このままでは、あなたの労働の結果と財産はあっけなく消えてしまうだろう。次ページの用語リストによく目をとおし、内容を理解しており、誰かに説明できるものを○で囲んでみよう。

スプレッド／景気動向指数／経常収支／就業率／固定金利／悲惨指数／ゴルディロックス相場／公共財／供給の価格弾力性／空売り／国別信用格付／国債／金本位制／金産分離原則〔財閥の銀行所有禁止の原則〕／ＩＰＯ（新規株式公開）／政策金利／基軸通貨／機会費用／トリクルダウン理論／短期金融市場／貿易依存度／代替財／二番底／デカップリング／デフレーション／レバレッジ効果／最終利回り／マイクロ・クレジット／サンクコスト／名目金利／ムーディーズ／物価指数／ミューチュアルファンド／取り付け騒ぎ／ヴェブレン効果／変動金利／保護貿易主義／主要通貨／付加価値／債務担保証券（ＣＤＯ）／負債比率／トリクルアップ効果／ビッグマック指数／上場投資信託（ＥＴＦ）／サーキットブレーカー制度／先物取引／所得主導成長／需要弾力性／スワップ／ストックオプション／通貨発行益／信用収縮／ワラント債／実質賃金／アグフレーション／譲渡性預金（ＣＤ）／量的緩和政策／証券総合口座（ＣＭＡ）／連邦準備制度（ＦＲＳ）／連邦準備制度理事会（ＦＲＢ）／エンゲルの法則／リバースモーゲージローン／

預貸率／オプション取引／外貨準備高／債務再編／元金リスク／流動性／デュアル・カレンシー債／自己資本比率／自発的失業／長短金利差／店頭市場（OTC）／転換社債／ジャンク債／ゼロ金利政策／株価収益率（PER）／株価指数／租税負担率／1株当たり純利益（EPS）／中央銀行、証拠金／持株会社／取立／チキンゲーム／カルテル／コールオプション／通貨スワップ／投資銀行／特別目的事業体（SPV）／デリバティブ（金融派生商品）／通貨切り下げ／表面金利／限界費用／ヘッジファンド／為替レート／為替操作国／M&A

小さな秘密 19

経済用語を勉強すれば、資産を守る「城壁」となってくれる

資産家が恐れるのは経済を学んだ一般人

数学を学ぶには、加減乗除を学ぶのが始まりだ。加減乗除をより理解しやすくするために九九を覚える。英語を学ぶにも、アルファベットを知らなければならない。大文字と小文字、すべてを覚える必要がある。これが学問の始まりだ。

ところが金融や経済については、誰も教えてくれない。

どの学校でも、実際的な経済教育はしていない。理由は簡単だ。わざわざ教える必要がないからだ。むかし、奴隷や奴婢《ぬひ》に文字を教えなかったのと同じだ。文字を学べば思考が深まり、記憶も整理できるし、文書が読める。統治者にとっては、大衆が文字を学ぶことは面白いはずがない。

経済知識も同様で、経済知識が多い人は、資産家の地位を脅かす。あらゆる投資契約の中身がガラス張りとなり、株取引や銀行取引で優位に立てなくなる。しかし私は、韓国の中間層に厚みが増せば増すほど、国家の安全網が拡大し、健全な社会に発展するものと信じている。自分が他人よりもお金持ちになるとうれしいと思うかもしれないが、そのような国では政治的・社会的安全網が崩壊し、ついにはそのリスクを上層グループがかぶることになる。だから、中間層が安定しており、努力すれば誰でも中間層に入ることができる国がいい。そして結果として、富裕層が増える国がいちばんいいのだ。

そのためには、高校から実物経済の教育をし、経済用語を教えることだ。**授業で用語を教えるだけでも、お金持ちになれる人が増えるはずだ。**現在の学校で学ぶことのうち、経済活動の役に立ちそうなのは、会計学くらいだろう。経済学は個人の経済生活にはまったく役に立たない。

経済用語を勉強することは、若者がむやみに借金を背負うことを防ぐとともに、彼らが収入の一部を株や債券に投資して起業家精神を学ぶことに寄与する。そして彼ら若者は財産形成プロセスに参加して、誇り高く尊敬されるお金持ちになれるだろう。

すべての国民が、前記の用語リストを理解できる国になったら、どれほど素晴らしいことだろう。記者が適当な経済情報を振り回して偏向記事を書くこともできなくなるので、高値で住宅を購入したり暴落相場でカモにされることもなくなる。

まずは用語から学んで理解しよう。すべての人が金融用語を理解すれば、政治家も国民を無視することはできず、不届きな事業家がのさばることも減る。

金融知識は命に関わる問題だ。

高校の教育課程に金融教育という科目がつくられ、退職した銀行の元支店長や証券マンが教壇に立つ日が来ることを願っている。

小さな秘密 20

株でずっと儲けられる人の「3つの特徴」

株で儲ける人よりも、株で損する人のほうが多いようだ。

株に限らず、どんな資産運用においても、勝ち組よりも負け組のほうが多いのは確かだ。だから、お金持ちよりも貧乏人のほうが多くなるのだ。特に株の世界で負け組が多いのは、誰でも市場に参加でき、少額から投資できるからだ。

人は口を開けば「今年も不景気だ」と言うが、2020年3月の暴落相場において、**韓国の証券会社の預かり金残高はこの20年間で史上最大の規模だった。**2月末に3・1兆円だったのが3月末には**4・1兆円**と、1兆円も増加した。

韓国の国家予算の10％に迫り、ソウルのマンション（平均価格8200万円）を5万戸も買える額だ。韓国人の1世帯当たりの資産は平均**4000万円**ほどだから、およそ10万世帯の全財産に匹敵するお金が株を買うために待機中というわけだ。

しかし、このお金がすべて収益を生み出すわけではない。株を売買する人の多くは損失を出し、一部の人だけが大儲けすることになるだろう。株で損をする人の特徴はこうだ。

ひとつ、**ただ周囲のまねをして株を買った。**

ふたつ、**何を買うか計画性がない。**

3つ、**お金の力が弱い。**

じつにおかしなことは、我が子のように大切にしてせっかく貯めたお金なのに、それを投資に回すときはガイドつきツアーに参加したかのように言われるままに株を買う点だ。

血を流しながら稼ぎ、湯水のように使っているようだ。

みんなが100年ぶりのチャンスだと言えば、ありったけのお金を集めて株式市場に投げ込み、あわてて株を買う。ほんの1カ月前は見向きもしなかった株に、怖いもの知らずで巨額を注ぎ込んでしまう。なのに計画性もないし、勉強もしない。

経済番組で耳にした銘柄に全財産を投資しようとして、1日や2日も待てず、じりじりする。

こんな調子で、たった1日、あるいはたった1、2時間で銘柄を決める人なら、誰かがちょっと口を出すだけでそれに飛びつくだろう。そして株価が少し上がれば銀行利子の1年分を稼いだと喜び、その株がさらに上がれば保有し続けるものの、少し下がると怖くなって手放してしまう。そのときは売り値より下がったら買い戻すつもりだったが、実際に下落すると買う勇気も出ない。

こんな人は投資はもちろん、投機もできないし、ただ証券会社に手数料を払って取引高を増やしてやるだけで、通帳の残高がアイスクリームが溶けるように減っていくのを見ることになる。さらに、その資金のなかには来月の大学の学費や来年の結婚資金といった、時間に余裕のないお金が含まれている。

借金をして株を買ったかと思えば、2倍や3倍のレバレッジのかかった金融商品に手を出したりもする。喉元に刃物を突きつけられているようなものだ。こんなお金が混じっていたら、

ほかのお金まで腐ってしまう。

サツマイモの箱のなかに1本でも腐ったものが混じっていると、臭くなって箱のなかのぜんぶのサツマイモが心配になる。

だから、周囲の自称専門家に「今後のボラティリティ（相場変動）は大きいだろうか」「明日は値上がりするだろうか」という馬鹿な質問をし、馬鹿のような回答を聞くことになる。それも焦っているからだ。

しかし、株式市場に対してこんな態度で向き合う人は、決して株で稼ぐことはできない。たまたま儲かっても、そのお金は再び株に戻って、結局は元金とともに消えてしまう。株式市場はそこを賭博場にする人に対して**財産没収という冷酷な罰を与えるのだ。**

投資で長く稼げる人の「3つの共通点」

株式市場で長期的に稼げるのは、株について、そしてその株が売買される理由について、よく知っている人だけだ。

彼らは市場の機能をよく理解している。株を発行するのは、会社をつくるのにひとりでは資金を準備できないから、多くの人から資金を調達するためであり、株式はその投資金額に応じて利益を配分するという「約束の証書」だ。

当初はこの証書は単に分配価値を定めた紙切れに過ぎなかったが、次第にこの紙に書かれた権利を売買しようとする人が現れた。売買する人が増えると、決まった時間、決まった場所で取引できるよう、証券取引所がつくられた。世界最初の証券取引所は1602年、オランダ東インド会社（Vereenigde Oostindische Compagnie, VOC）によって、印刷された株券や債券を取引するためにアムステルダムに設立された。

つまり、共同投資で会社を設立し、株を分配し、会社の成長性への期待が違う人たちがいつでもこの権利を売買できたわけだ。

株の投資で成功する人には、大きく**3つの特徴**がある。

ひとつ、**自分自身を経営者だと思っている。**

資金を集めていっしょに会社をつくるのだと考えているので、会社の本質をしっかり理解しようとする。どんな会社で、何をして、どう経営するのか、よくわかっている。そして会計帳簿と年次報告書をしっかり読み込む。経営者と同じ気持ちで、市場における会社の役割を考える。こうして自分なりの会社のイメージを頭のなかにつくっておけば、他人の評価や心配に動揺しなくなる。もしあなたが自分で会社を経営する社長なら、他人の噂や専門家の見解を聞いて会社を売ったり畳んだりしないはずだ。投資でも、同じ態度を保とう。買うときも自分の判断を信じて買い、売るときも自分の判断に従って売るから、株価の動きを見て無駄に売買することもない。果実が熟すには時間がかかると知っているからだ。

ふたつ、**質のよいお金をもっている。**

成功する人たちの資金は、石のように硬くて重い。いますぐどこかに行く予定もないし、その場に長く留まっていても気にならない。むしろ配当という食事さえ与えれば永久に動かないでもいいようなお金だけが集まっている。だから結束が固く、外部からの脅威にも動じない。このお金はその場所で主のようにどっしり構え、利益が出るまでのんびり待つことができるのだ。

3つ、**安くなるまで待てる。**

真の投資は、いつ売るかではなく、いつ買うかにかかっている。安く買えば、売るのはずっと簡単になる。だが、安く買うのは容易ではない。ましてや、よい株を安く買うことはさらに難しい。そこで、成功しそうな会社がまだ小さいうちにその株を買って長期でもつ忍耐力と、暴落相場で大きく下落した株を恐怖に耐えて買い集める勇気をもつべきだ。市場に恐怖が広がっているときは、優良株も安値で買える。暴落や不景気は、株を買う人にとってむしろ好景気というわけだ。こうした投資者は一生、株式市場からその果実を得ることができる。

考えてみれば、ほとんどの企業が株式会社というかたちで運営され、毎年成長を続けている。なのに、なぜ人は株式市場を合法的ギャンブルやゼロサムゲームのように思うのだろうか。これまで株で損をしたり、あまり儲けられなかった人は、成功した人たちの3つの特徴のうちひとつでも自分に当てはまるか振り返ってみよう。おそらく、ひとつもないはずだ。こうした人は、成功する人と同じ株価で同じ銘柄を買っても、結局は損をする。

だから本物の投資家は、親戚や友人にも

投資を勧めたり、意見を言ったりしない。

どうせ同じような成果は挙げられないことを知っているからだ。

結局のところ株式投資では、**自分を信じて、自分のお金を投じる人だけが、その実りを手に入れることができるのだ。**

小さな秘密

21

いくら稼げば「本物の富豪」と言えるのか

一般に富豪のことを指す

「億万長者」とは、

100万ドル〔約1億5000万円〕以上の金融資産をもつ人を指す。

KB金融持株経営研究所が発表した「2019韓国富裕層報告書」によると、1億円以上の金融資産を保有する韓国の富裕層は32万3000人。

これは全国民の**0・63%**にあたる。

その資産構成を見ると不動産が53・7%、金融資産が39・9%となっている。

この割合を一般人の場合の不動産76・6%、金融資産18・9%と比べると、富裕層は金融資産の比重が2倍ほどであることがわかる。

彼ら富裕層が「自分はお金持ちだ」と考える基準を見ると、その回答数が最も多かった金額は「5億円以上」(27・7%)だった。

まず総資産が3億円未満の人々の場合、その70%が自分はお金持ちだと考えていない。一般国民の感覚では、1億円以上の財産があれば自分はお金持ちだと言えるが、当の本人たちは10億円を超えてやっとお金持ちだと考えるようだ。

そして資産8億円以上の人も、その20%は自分をお金持ちだと思っていない。

つまり、韓国の富裕層の半分は、自分をお金持ちだと思わないのだ。このように、富の基準はかなり相対的だ。

彼ら韓国の富裕層は、事業所得(47%)と不動産投資(21・5%)で財をなしたケースがほとんどだ。

事業でお金を稼ぎ、余剰資金を不動産に投資し、毎月約50万円を貯蓄している。

彼らが富を増やす手段は貯蓄だ。

貯蓄によっておよそ10年で5000万円程度の投資資金をつくる。その年齢が平均で44歳だ。この資金はおもに不動産(61・6%)と金融資産(35・1%)に投資されるが、資産運用のおもな目的は現状維持だ。財産を守ることは簡単ではないと、彼らはよく知っているのだ。

私が考える一般的な富裕層の基準は**次の3つ**だ。

第1に、ローンのないマイホームをもっていること。

第2に、韓国の月平均世帯収入**54万1158円を上回る不労所得**があること。江南《カンナム》の数億円のマンションで暮らし、年収が1000万円以上あっても、ローンがあり、収入のほとんどを自分が働いて得ているなら、お金持ちとは言えない。何か経済的問題が起きたり、身体的な障害で働けなくなっても、住む家があって国の平均収入以上の不労所得を得られる人たちこそが富裕層だ。毎月50万円以上の不労所得を得るには、不動産や金融商品に2億円以上を投資しなくてはならない。

第3に、もうこれ以上稼がなくてもいいと思えるような、**欲望をコントロールする能力**をもっていることだ。

第3の条件を満たすには、その人が自分の人生の主体的な主人になる必要がある。

富は相対的なものだ。

5億あっても、10億あっても、誰かと比べてしまえば自分はお金持ちではないと思ってしまうのが人情だ。10億もっている人も、20億ある人の前に立つと自分がみすぼらしく見え、100億もった人の前では卑屈になるかもしれない。

このような人は、いくら稼いでも常に貧しい。何兆もの財産があっても、**ビル・ゲイツ**（Bill Gates）や**ジェフ・ベゾス**（Jeff Bezos）の前に出れば、自分がみすぼらしく思えるものだ。

しかし自分の哲学とプライドをもった生き方をしていれば、誰かと比べないでいい。お金があるから、いつでもブランドものを買うこともできるが、別に買わなくてもいいという状態になる。

自分の富を自慢したところで自分が偉くなるわけでもないのだから、高級腕時計やバッグをもつ必要もない。豪邸に住み、高級車に乗り、ブランド品をもち、高級レストランに行かなくては満足できないようなら、自分以上のお金持ちに会わないように暮らしていかねばならないだろう。

初めて経験した「お金持ちの不思議な気持ち」

結局、**もう働かなくてもいい状況をつくることが、**

お金持ちになる第一歩だ。

田舎の小さな家に住んでいても、自分の家があって、地域の平均以上の不労所得があり、その収入に満足できるなら、あなたはすでにお金持ちだ。

「もう働かなくてもいい状況」には、ふたつの意味がある。

ひとつは、自分が直接働かない自由を手に入れ、なおかつ収入が得られること。

もうひとつは、自分の精神や思考が自由になり、人と比べる必要がなくなること。つまり、**肉体と精神の双方で自由を得た人こそが、真のお金持ちなのだ。**

私の経験上、現実にお金持ちになると、自分にどれだけお金があるのかわからなくなる瞬間が来る。

投資した資産や会社の価値が計算できず、通帳にいくらあるのかもわからない。自分の資産の規模を知るために、誰かの手を借りなくてはならない。現金資産も株価に連動して時々刻々と変動するので、ランチのあいだにも家一軒分のお金が増えたり減ったりする。人と比べたくても比べられない状況になるのだ。

だから、私は自分の財産がいまどれだけあるかわかる人は、じつはそう大したお金持ちではないと思っている。

このように、**お金持ちかどうかを財産の額で決めることはできない。お金持ちとは、**

もうお金を稼ぐ必要がなくなった人のことだからだ。

小さな秘密

22

財産を守るための私の日課

いまの私は、定期的に出社する必要はない。

取締役会を通じて、自分の会社や株式を保有する企業を管理しているため、取締役会がなければ自宅で仕事をしている。

私とともに働いている社長が数名おり、そのほかに私の指示で動く社員としては、韓国とアメリカにそれぞれひとりずつ社長室室長が常駐している。それ以外に、弁護士、会計士、ファイナンス・マネージャー、メインバンクの財務担当チーフなどと日々相談しながら業務にあたる。

冗長で詳細な報告書は、報告書のための報告書だ。私はそう思っているので、社長たちに毎週1回、200字前後の簡単なメールで業務報告をさせている。集まったり直接会ったりすることはほとんどない。社長が自分の決定について常に私に意見を求めてくるなら、それは無能で社長の資格がない証拠だ。私が個別の事業案件に関与するのは、次の3つのケースだけだ。増資の要請、他の業界への進出、グループ企業社長の選任や解任。

この3点以外には、特に関わる理由もないし、関わりたくもない。だから、私は事業規模のわりにかなり多くの自由がある状態だ。しかし妻に言わせると、私が安息年〔古代イスラエルの習慣で、7年に1度、土地を休ませ負債を免除する年〕には仕事をしないと言っておきながら、依然として1日中働いているそうだ。そこで、自分が何をしているかを紙に書き出してみた。少し長くなったので、ざっと読み飛ばしてもらっても構わない。

〈メールを4アカウント分チェックする〉

まず、朝起きたらメールをチェックする。4つあるメールアカウントすべてにログインして、業務上の要請や決裁があればその場で可否を判断する。また、すべての受信箱から不要なメールや広告は即刻削除する。**デスクや引き出しと同じで、メールボックスも散らかっているのが我慢ならないからだ。**読み終えたメールはすぐに削除するか、返信する。教え子からのメールやファンレターはいったん保存しておき、1～2カ月に1度、返事を書く。この種のメールにすぐ返信すると、またすぐメールが来て、チャットのようにやりとりが増えて、対処できなくなってしまう。これは、そうした事態を防ぐための知恵だ。

〈国際新聞を読む〉

メールチェックが終わったら、ネットで新聞を読む。読む順序には、特に意味があるわけではないが、次のとおりだ。まず『ニューヨーク・タイムズ』を皮切りに、『ワシントン・ポスト』『ウォール・ストリート・ジャーナル』『CNN』『Fox News』の順にアメリカの主要な新聞とニュースチャンネルを見る。

次にイギリスの『フィナンシャル・タイムズ』『タイムズ』『ロイター通信』。

続けて『EIN WORLD NEWS REPORT』でロシアのニュースをざっと見る。次は日本の『朝日新聞』『読売新聞』『日本経済新聞』を読む。

最後にYahoo! JAPANのホームページをチェックする。たまに中東の『ヨルダン・タイムズ』を見たり、ヨーロッパに渡ってフランスの『ル・モンド』や『フィガロ』、ドイツの『シュピーゲル』『ディ・ヴェルト』『フランクフルター・アルゲマイネ・ツァイトゥング』などのサイトを訪れる。

〈ローカル新聞を読む〉

こうして世界一周したあと、ヒューストンのローカル紙『ヒューストン・クロニクル』と韓国の新聞をいくつか読んで、日々世界を見物している。新聞を読むときは、常に2紙以上を読むように努めている。というのは、新聞ごとに論調や政治的傾向があって、事実に対する視点や関心のもち方に違いがあるので、**1紙だけ読んでいると見方に偏りが生じるからだ。**最近ではGoogleやPapagoなどの機械翻訳もかなりスムーズになり、どの言語でもおおよその内容はわかる。

〈経済ニュースをチェックする〉

こうして新聞の巡回を終えたら、次は経済サイトの番だ。

経済サイトは順序を決めて読むわけにはいかない。投資先の会社や株を保有する企業のニュースがあれば、関連の記事を探す必要があるためだ。最初に見るのはYahoo!ファイナンスだ。ここは一般的な投資情報が豊富で、Yahoo!のなかでも人気のコーナーだ。次にCNBC、Bloomberg（ブルームバーグ）、Market Screener（マーケット・スクリーナー）を見て回り、CNN Businessの Fear & Greed Index（恐怖・貪欲指数）、米ドルとブレント原油のチャートをチェックし、

investing.com（インベスティング・ドットコム）、dividend.com（ディビデンド）、finviz.com（フィンビズ）を覗《のぞ》く。そしてFRBのサイトで新しいニュースがないかを確認する。

企業の財務諸表を見たければmarketbeat.com（マーケットビート）に行き、機関投資者の動きはwhalewisdom.com（ホエールウィズダム）でチェックする。個別銘柄についてはtipranks.com（ティップランクス）やseekingalpha.com（シーキングアルファ）を参照し、投資家のハワード・マークスが運営するoaktreecapital.com（オークツリー・キャピタル）でハワードのメモに目を光らせる。

最後に投資情報誌『バロンズ』のサイトに目をとおしてから、韓国の「ハンギョン・コンセンサス」（韓国経済新聞の金融機関レポートデータベース）や証券ポータルプラットフォームの「パックスネット」、「ネイバー金融」を見て回ると、その日の業務の準備作業は一段落だ。

以上。

ここまでおよそ2時間。ここで少しリラックスしてコーヒーを1杯淹《い》れ、残りのサイトを訪問する。**ほぼ毎日見ているのはアメリカ最大の商用不動産売買サイトloopnet.com（ループネット）だ。**ここで関心のある都市の全物件をチェックする。特に私が拠点を置いているヒューストン、ロサンゼルス、ニューヨークの物件はすべて覚えておき、継続的に確認するようにしている。
私は年に1度か2度は不動産を購入するが、**こうやって絶えず情報を追いかけることで、価格の推移がわかる。**
不動産は株とは違って、価格決定プロセスが明確でないので、常に比較し追跡しておかないと勘が養われないのだ。

〈個人的な情報収集〉

ここでやっと個人的な趣味や関心事のサイトに移る。アメリカと韓国のユーモアサイトをひとつずつ、企業展示会サイト、Amazon、Netflix、韓国の書店サイト、Facebook、Instagramなどを見て回り、午前の日程が終わる。

〈得た情報・資料の整理〉

こうやって得た情報や資料をもとに、事業の方向性や投資方針を決定する。これらのサイトを毎日見て、さらに知りたいことがあれば、関連の書籍を探して注文し、読んで内容を整理している。そしてすべて資料化し、印刷してフォルダに入れておくようにしている。保有株式情報、不動産物件情報、年次報告書、株式情報といったラベルを印刷し、フォルダに貼って、項目ごとに整理し、デスクの近くの目につく場所に保管しておくのだ。

このように、**私は情報を収集して整理し、理解することに多くの時間を費やす。**勉強と情報収集をサボるわけにはいかない。YouTubeで若い先生たちの講演を聞き、経験豊富な専門家の意見に耳を傾ける。

資産を稼ぎ、貯め、管理することにおいて、**私は誰も信じない。**

信じるのは、ただ自分だけだ。

そのために、多くの人の知恵と情報を絶えず求めているのだ。この朝の習慣を何日か中断したからといって、私の事業が傾くようなことはないだろう。1、2カ月サボっても大丈夫かもしれない。だが、半年、1年と勉強せずにいたり、勉強を軽視すれば、次第に投資の世界から遠ざかり、判断が鈍り、じりじりと後退し、ある日いきなり没落するかもしれない。だから机に足を乗せてだらけたり、机の下で寝ている犬に足を舐《な》められながらも、朝の情報収集は毎日おこなっているのだ。

妻の言うとおり。私はやはり仕事中毒のようだ。

小さな秘密 23

貧乏は想像以上に残酷だ

ビル・ゲイツは言った。

「貧困をロマンや謙虚といった言葉で覆い隠してはならない。貧しく生まれるのは罪ではないが、貧しく死んでいくのは自らの過ちだ」。

現代人は、富の蓄積よりも人生の価値を重要視する傾向がある。私自身、そう思う。しかし、このように言う人たちの真意はどこにあるのか、常に見極める必要がある。

この言葉を口にするのは、たいてい次の3つの理由からだ。

第1に、何が人生の価値なのか、基準が曖昧である。

第2に、貧困がどれほど恐ろしいか知らない。

第3に、自分がお金持ちになれる自信がない。

多くの人は、お金よりも自由が大切だと言う。

人生の価値を維持するには、自由が必要だからだ。

しかし、現代の経済社会の枠内で自由を得るには、莫大なお金が必要だ。

安定した仕事だけでは足りない。事業の世界は常に変化するので、どんな大企業でも5年先はどうなるかわからないからだ。

人生の価値を保つには、いまの瞬間だけでなく、人生全体をとおして見なくてはならない。

つまり、現在を存分に活用して、**未来全体に資源を配分してやる必要がある**のだ。

自分は質素な暮らしで、不足も感じず満足できるとしても、配偶者や子どもたちの価値観は違うかもしれない。あなたの価値観をほかの家族に強要してはならない。彼らは豊かさやショッピングや贅沢な食事に、人生の重きを置いているかもしれない。あなたに家族を養う責任があるなら、**こうした家族の欲求も無視してはならない。**

「お腹が空いた1日」はいかに長く感じられるか

貧乏暮らしをしたことのない人は、

貧乏がどれほど怖いことか想像もできない。

精神的貧困は瞑想《めいそう》や読書で補うことができるが、経済的貧困は前向きな気持ちを摘み取り、自尊心の最後の一滴まで奪い去る。貧しければ、礼儀も品位もなくなる。食べ物や住居に困るレベルになると、人間の尊厳を守ることはできない。借金でもしようものなら、1日は1カ月のように長く、1カ月は1日のように短く感じられる。空腹を抱えた毎日は長く、毎月の借金の返済日はあっという間にやってくるからだ。

また、貧乏暮らしで家族のきずなはバラバラになる。貧しさが長引くと逆に欲が深くなり、鬱憤《うっぷん》が溜《た》まってストレスで健康が損なわれる。貧乏生活に陥ると、心にゆとりをもって穏やかに暮らすことも難しい。物事を客観的に見ることが難しくなり、傷つきやすくなる。不満や恨みが増え、人間関係にヒビが入る。「貧しく死んでいくのは自らの過ち」というビル・ゲイツの言葉にも納得がいくだろう。

お金持ちになるには、

まず自分がお金持ちになれると信じることだ。

あるお金持ちを軽蔑することはあっても、富を軽蔑してはならない。もちろん、お金持ちになれると信じたからといって、必ずしもお金持ちになれるわけではない。しかし、自分はお金持ちになれないと思う人は絶対にお金持ちになれない。お金持ちになるのは、自分がお金持ちになれると信じる人だけだ。

自分がお金持ちになれると信じることで、実行し、考え、挑戦できるようになり、道が開けるからだ。実行しようと思うから貯金し、考えるから勉強し、挑戦しようと決意するから誰よりもがんばって働くようになる。

実際、億万長者になるためには時代的環境や運も必要だ。しかしその手前の「**百万長者**」**までは、努力次第で誰でもなれる。**真面目に働き、節約し、努力を続ければ、早ければ40代、遅くとも50代には百万長者になれるだろう。貧乏が想像以上に残酷なように、お金持ちの人生は想像以上に幸せなものだ。

小さな秘密 24

株価が暴落すると「3種類の人間」が現れる

強気相場（bull market）が続くと、この流れに乗り遅れまいとする人たちが欲を出し、実際の市場価値以上に株価が上昇する。そしてオーバーシュート（overshoot、相場が過剰反応して、行き過ぎてしまうこと）が起こる。だが、この状況が続くと必ずバブルに陥り株価は暴落することになる。これは自然の原理であり、避けられないことだ。

ただ、それがいつ来るかはわからない。枯葉が散り、秋が終わると、冬が来るのは当たり前だが、それを忘れているのと同じだ。そしてある日、前触れもなく大雪が降るように、一斉に投げ売りがおこなわれ、株価は大幅に下落して弱気相場（bear market）に突入することになる。

こうした大規模な暴落は、おおよそ十数年に1度ほどの頻度で訪れる。だが、実際に暴落が来たあとに、その数ある原因を解説する専門家がたくさん現れるのを見ると、その具体的な原因は誰にもわからないようだ。暴落相場では、3種類の人間を見ることができる。

ひとつ目は、まともに被害に遭う人だ。

株の暴落は投資者だけに影響するように思うかもしれないが、実際は平凡な暮らしをする多くの人が直接の被害者になる。株にまったく投資していなくても影響を受けるのだ。

金融資産はすべての産業に関連しているため、株価の暴落は会社の事業を縮小させる。失業率が上昇し、実物経済は急速に冷え込み、所得の減少につながる。所得の減少は不動産市場の沈滞につながり、不動産価格が下落すると融資の回収が起こり、ローンのある人は債務の督促を受けるようになる。株価は勝手に上下するが、被害を受けるのはあなたたちだ。その理由はただひとつ、借金があるからだ。借金があるために、他人の資産の変動によってあなたの資産も変動し、その影響をまともに受けるのだ。

ふたつ目は、相場が暴落してもまったく影響を受けない人だ。

これらの人たちはもちろん借金がなく、安定した仕事に就いている。彼らにとって暴落のニュースは、いつも「不景気だ、不景気だ」と騒いでいる一部の人々が、いつもより大声を出している程度にしか聞こえない。暴落の影響も、早くて1年、遅くとも数年以内には回復して、いつしか再び上昇相場に戻るので、神経をすり減らす理由もない。このようにのんきでいられるのは、借金がないからだ。

3つ目の種類の人々は特殊な存在だ。

彼らは**こうした事態が起きても利益を出せる資産家たちだ。**

彼らは暴落相場を、いっぺんに数年分の資産を稼げるチャンスだと見なしている。暴落時は巨大な富の移動が起こるが、この大移動の特徴は、貧困層のお金が富裕層へと流れ、富んだ者はますます富むという点だ。水が下から上へと流れないように、一方通行であることが特徴だ。

もちろん、富裕層の誰もがこの恩恵にあずかるわけではない。人々が絶望し、恐怖に震え、資産を投げ売りするとき、闇のなかへと足を踏み入れる人たちにしかできない所業だ。

彼らは、リスクが最大化して誰も買いを入れず、資産を投げ売りするようなときこそ、最もリスクが小さい状況なのだと知っており、行動に移すことができる人たちだ。こんなときは、景気の先行きに関しても極論が横行するが、それでも彼らは投資をやめない。産業や経済に対する根本的な価値を信じ、最終的に世界が前進すると信じる楽観主義者たちだ。

彼らの野心は、常に成功してきた。

数百年にわたって彼らが成功し続けているという前例があるにもかかわらず、いざそのときになると、私たち個人投資家のほとんど誰もがうつむいてやり過ごしてしまう。状況が落ち着いて顔を上げたときには、楽観主義の資産家たちはすでに大きな財を築いている。これが世の常というものだ。

世の中には、山で落石に当たって死ぬ人もいれば、石を避《よ》けて生き延びる人もいる。さらには、その石を売って儲ける人もいる。最も大きな富の移動は、常にこのようなかたちでおこなわれてきたのだ。

小さな秘密 25

もし私が若いころに戻って、お金持ちを目指すなら「何から」始めるか

私の親たちの世代にとって、最良の投資は貯蓄だった。各家庭には何冊か通帳があり、どの家も積立をしていた。１９７１年７月の韓国信託銀行の広告を見ると、預金利率は25・２％だ。１９８０年代もこのレベルの利率が続いたが、１９９１年の金利自由化によって10％台に引き下げられた。ちなみに韓国の銀行の預金利率は最高30％（１９６５年９月）だった。

もし１９７１年当時の利率で10万円を複利で預金していたら、いまでは２６０億円にもなる計算だ。それだけ貯蓄に価値があったのだから、お年寄りの中には貯蓄が最高と思う人が多いのも無理はない。その惰性だろうか、いまでも就職して初月給をもらうと、とりあえず銀行に預金したり積立を始める若者は多い。

しかし、**いまや貯蓄で財をなすのは不可能だ。**

不可能である以上に、**逆に損をする**ことになる。

銀行の預金利率は現在1・75％だ（編注：日本では0・025〜0・3％）。そこから約2％の物価上昇率と利子課税15・4％を差し引くと、じつは元本割れしてしまうのだ。つまり、貯蓄をした瞬間に、お金は消え始めるわけだ。

積立もそう変わらない。たまに5％台の利率がついていて惑わされもするが、限度額が小さかったり、当初の数カ月だけの特典だったりで、ほとんどが釣り商品だ。だから貯蓄では決してお金持ちにはなれない。

それでも貯蓄は、いまでもお金持ちへの第一歩だ。お金持ちになるには種銭が必要であり、種銭が貯まるまでは銀行を使わなくてはならない。貯蓄銀行やセマウル金庫〔どちらも日本の信用金庫にあたる〕を賢く利用すれば、利率3％以上の商品を見つけることができる。もちろん、銀行でも破綻する可能性があるので、預金額は元本が保証される500万円以内（編注：日本では1000万円以内）とすべきだ。

財産は「資本×投資利益率×期間」の合計だ。つまり、いくらのお金を、どれくらいの利益率で、どれほど長く運用したかで決まる。

1億円貯めたければ、種銭の１０００万円を10％の利率で25年間、複利で運用すればいいことになる。あなたが30歳なら、55歳でお金持ちになれるわけだ。

いま30歳で、45歳までにお金持ちになる目標を立てたなら、**複利で年16・5〜17％の利回り**が必要だ。それでおよそ1億円が貯まる。

いま25歳なら、その半分の５００万円を同じく複利で年16・5％の利回りによって、45歳まで利益を出し続ければ、1億円を保有する資産家になれる。このように、始めるのは早いほど断然有利だ。25歳で５００万円というまとまった資金を準備するのは簡単ではないだろうし、年16％以上の利回りを15年以上続けることも決して容易ではない。

真理を知る者は「給料」をこうやって使う

私がもし25歳の会社員で、現在の私の経験と知識をすべて使えるとしたら、銀行預金で種銭をつくろうとはしないだろう。それよりも月給から5万円ずつ天引きして、**韓国でいち**

ばん大きな会社の株を買う。

株価の変動は関係ない。**毎月同じ日に5万円ずつ株を買って積み立てていく。**

最大の会社というと、いまならサムスン電子だ。しかし、サムスン電子の時価総額を超える会社が現れたら、その会社に乗り換えて同じように投資を続けるだろう。

もし2005年に戻ってサムスン電子の株を**毎月5万円**ずつ買っていれば、現在の時価総額は**約5000万円**になっている。同じ額を銀行に積立預金していたら、やっと1000万円を超える程度だ。この状態で1億円の資産家になることは、死ぬまで無理かもしれない。95歳まで積立を続ける必要があるからだ。ところが、現在5000万円相当のサムスン電子株を保有していれば、ほんの数年以内に1億円になる可能性が高く、さらに配当もあるので、もはや月々5万円の投資も必要なくなるだろう。

以上が、若いうちに安定した会社員生活を送りながら億万長者になる方法だ。だから、1日も早く始めよう。**お金持ちになる公式で、最も大きな変数は「投資期間」だからだ。**億万長者になるのは、思ったより難しくない。改めて言うが、お金持ちになる近道は、ゆっくりお金持ちになることだ。

小さな秘密

26

「知恵」という聖水を得るには「学問」という器が必要だ

投資を成功させる秘訣《ひけつ》は、知識と知恵を組み合わせることだ。知恵のない知識は傲慢につながり、知識のない知恵は空虚なものだ。知識とは、ある対象や状況に関する明確な認識や理解のことであり、知恵とはある現象や事物の道理を知ることだ。どの分野でも、大家になった人なら誰しも、段違いの知恵と知識をもっているものだ。音楽、スポーツ、芸術など、どの分野でも、大家と呼ばれる人たちの話を聞くと、その境地にふさわしい自分なりの哲学があることがわかる。

不思議なことに、**最高のレベルに至る人は、分野は違っても**

似たような哲学的視点を備えている。

山はどこからでも登れるが、どんなに高い山でも頂上はひとつであるのと同じことだ。だから、成功した大家なら誰もが同じような哲学者になっていると言える。投資の大家の株主への年次書簡や著書を読んでいると、まるで一冊の哲学書のようだ。株価の変動や国債の利回りの推移について説明しながら、じつは数字を使って人間の欲望と挫折を説明しているからだ。

若者が世界の最も高潔な真理を得るために物事の理屈を学ぶなら、

まずやるべきはやはり勉強だ。

35歳でバイシャカ（ベンガル地方やネパールにおける暦の最初の月）の満月の夜に悟りを開いて仏となったゴータマ・シッダールタ〔釈迦《しゃか》〕も、菩提樹の下で黙想ばかりしていたわけではない。最初はバラモンの苦行者を師として断食や座禅など、ありとあらゆる苦行に勤しんだ。バラモン教の行者にヨガを習ったこともある。最終的に息子に王国を継ぐ意思がないことに気づいた釈迦の父は、5人の師を息子につけて6年間にわたり個人レッスンを受けさせた。言ってみれば、5人の大学教授から個人授業を受けたわけだ。

「イエスの山上の垂訓」（マタイの福音書に出てくる山の上での説教。「心の貧しい者は幸いです」といった現在も知られる訓戒が多数ある）は、彼の教えのうちでも最高のものとされている。

１９４７年、イスラエルとヨルダンに挟まれた死海付近のクムラン洞窟で、ユダヤ教の一宗派であるエッセネ派の古文書が発見された。

ユダヤ教の各派のなかでもエッセネ派は禁欲主義、正義、敬虔《けいけん》さを重視する宗派だった。当時、権勢を誇っていたサドカイ派やパリサイ派の迫害を逃れ、こうした記録を洞窟に隠しておいたのだ。

この古文書には、イエスの山上の垂訓とよく似た内容が書かれている。

これ以外にも、初代教会の用語や組織にはエッセネ派の痕跡が多く残されている。これらの記録がイエス生誕の１５０年ほど前に作成されたことから、イエスはエッセネ派の教育を受けたと見られる。つまり、イエスは大工をしながら独学をしたわけではなかったのだ。

神の境地に至った人でも勉強しているのだから、私たちが勉強すべきなのは言うまでもない。

学問は人が知恵を得るための器のようなものだ。

知恵という聖水を入れるには器が必要だ。

英語や数学などの学問が知恵を得るのにどう役立つのかと思うかもしれないが、外国語を学ぶことは、その国の文化を丸ごと自分のなかにもつようなものだ。また数学を学べば、人間社会の価値体系を誰もが認められるかたちで理解できるようになる。

基礎的な学問を学ぶのは、退屈でつらい作業だ。丸暗記しなければならないものが多いからだ。

しかし、丸暗記を避けて知恵を得る道はない。どんな知恵でも、言語と文字で表現し、説明しなくてはならないからだ。

投資の大家になるには、何よりも外国語と数学をがんばって学ぶ必要がある。それでこそ、社会とビジネスを理解することが可能になるからだ。

こうして長いあいだ、成功と失敗を経験してみると、俗物的な投資の世界でも自分なりの哲学が生まれる。どんな分野であれ、そこで大家になった人は哲学者だと私は考えている。偉大な哲学者は精神的な悟りによってのみ生まれるものではなく、つらくて退屈な勉強に加え、自分の身体を動かしたときに誕生すると信じている。

小さな秘密 27

お金持ちになるために、いますぐリビングに布団を敷こう

「ブラジルの蝶《ちょう》の羽ばたきがテキサスで竜巻を引き起こすか?」

(Does the flap of a butterfly's wings in Brazil set off a tornado in Texas?)

アメリカの気象学者**エドワード・ノートン・ローレンツ**(Edward Norton Lorenz)が1961年に気象観測をおこなうなかで、ふと生まれた疑問が、後年に物理学のカオス理論の土台となった。地球上のどこかで発生した小さな大気の動きが、竜巻の原因になるかもしれないという意味だ。これをバタフライ効果と言う。いまから私が言うことが、読者のみなさんにとって人生の**バタフライ効果**になればいいと思う。

この段落を読み終わったら、さっそく付箋と筆記具を用意して、手袋をはめ、できるだけ大きな布団をリビングの床に敷く。ほこりが立つかもしれないので、窓は開けておこう。そして布団の真ん中に立ち、家の四隅に向かって1回ずつあいさつをするのだ。小声で「家のなかにある物たち、こんにちは。今日はみなさんを整理整頓する時間を設けます」と言ってみよう。

あいさつを終えたら、家じゅうの引き出しを開けて、そのなかの物を取り出して布団の上に置く。だが、ぶちまけてはならない。卵でも扱うように、ていねいに、ひとつずつ布団の上に載せていくのだ。こうして物をぜんぶ出してみると、気づくことがある。どれほど多く、**くだらない物**を集めて来たのか、**一度も使ったことのない物**がどうしてこんなに多いのか、**わけもなく買い集めた物**がどれほどたくさんあるのか、わかるだろう。

きっと恥ずかしくなるだろう。恥ずかしくなって当然だ。そうしたら、ここからは片づけの女王、近藤麻理恵が勧める方法だ。今度はひざまずいて（謝罪と尊重の気持ちを込めて）物をひとつずつ手に取って、これらの物を見てときめくかどうか考えてみよう。ときめきの度合いをどう測ればいいかわからないが、愛着があって、まだもっていたいかどうかを、自分の胸に聞いてみるのだ。

見てときめく物は右側に置く。ときめかなかった物は、「これまでありがとう」とか「使わずに放っておいてごめんね」と言って、「さようなら、元気でね！」とあいさつしてから左側に集めておく。**どんなにつまらない物でも、同じようにあいさつをして仕分けするのだ。**仕分けしたら、左側にある物でまだ使えそうな物は寄付するなり売るなりして、捨てるべき物は捨てよう。次に、右側にある物はそのまま引き出しに戻さず、分類してひとつの引き出しに1種類ずつ入れる。

自分たちの役割とは無関係に引き出しにしまわれ、ほかの種類の物たちと不本意に過ごしていた物たちに、家族や友だちを見つけてやるのだ。

引き出しへの選別が終わったら、とりあえず家族の名前を付箋に書いて引き出しに貼っておく。マッサージ器とスポーツ用品、スリッパ、文房具、リモコン、小型電子機器といった表札をつけるのだ。整理し終えたら、オフィス用のラベルライターで引き出しごとの表札を小さく印刷して、きれいに貼ってやろう。字が大きすぎると格好がよくない。作業が終わったら、布団をしまい、お茶でも飲みながら反省の時間だ。

部屋が汚い者は、人生にも垢《あか》が付いている

こうして片づけてみると、**どれほど物を適当に扱ってきたかがわかる。**欲しくもないし、家にあったことさえ覚えていない不要品が限りなく出てくるだろう。どれほど多くの物を無駄に買ってきたのか考えると、恥ずかしくなる。使いもしない物をどれほど多くもっていたのかも、よくわかるだろう。垢が溜まるのは身体だけではない。これらの物は人生の垢だ。垢を落とさないでいると、せっかく富が訪れて来ても、どこかに行ってしまう。

肘や首筋に垢がついた男に惚《ほ》れる女はいない。逆もしかりだ。この小さな行動がバタフライ効果のように物に対するあなたの態度を変え、世界を見る目を変え、**あなたをお金を正しく使える人間に変えてくれるだろう。**無駄づかいが減り、買った物をきちんと整理できるようになり、物を探し回って時間を無駄にしたり、見つからずにまた買ってしまうことも防ぐことができる。お金を正しく使えるようになり、人柄がよくなり、家庭も円満になるだろう。

ひとまずリビングの片づけが終わったら、次はキッチンやクローゼット、ガレージ、洗面所も片づけたくなるはずだ。さらには財布、車のトランク、パソコンのファイルも、同じやり方で整理してみよう。そうすれば、あなたは尊敬されるお金持ちの人生を送る準備ができたことになる。あとは時を待つだけだ。

小さな秘密

28

「今後、株価は上がりますか？」への私なりの答え

「今後、株価は上がるでしょうか？」

知人からこんな質問をされた。

だが、私はふつう、こうした質問には答えない。2020年3月から株価が下落し始めると、遅れて株に投資した知人が心配になってあちこち聞き回ったあげく、ついに私にまで質問してきたのだ。事業をやっているから、私の判断のほうに権威があると思ったのだろう。買い増すべきか、売るべきか、心配でしかたなさそうだった。

私が質問に答えない理由は簡単だ。

自分なりの答えがあるとしても、**それは相手にとっても有効かどうかはわからないからだ。** 暴落した株がいつ上がるかは、誰にもわからない。どれほど有名な人でも、素晴らしい投

資実績のある人でも、さらには国家の指導者であっても、株の動きはわからない。チャートでテクニカル分析をして投資をする人や、過去のケースから自信満々に予想する人は多い。だが、当たれば英雄になり、外れても犯罪にならないのが株式市場だ。外れたからと訴えられることもない。

また、もし私が市場の動向を知っていれば、それに合わせてすでに投資しているだろう。私にも翌月や来年の市場動向はわからない。だが、来年、あるいは5年後の動向はよくわかる。さらに先を見てみよう。10年後にはどうなっているだろうか。その程度なら、誰でも答えを知っているのではないだろうか。

尋ねるのも愚かなことだ。みんな答えを知っているからだ。正解に合わせて答えを書けばいいのに、焦るあまり誰にもわからない問題について頭を悩ませているのだ。

10年は寝かせられるお金で投資をしていながら、暴落相場でさらなる暴落を恐れるのは筋がとおらない。暴落が続けば、株価は企業の実質的価値を下回るようになる。リスクが消えるどころか、損益分岐点を越えてしまうのだ。

ここからがマーケットの達人と資本家の出番だ。彼らは株価と企業価値を計算し、ブランド品を選ぶような感覚で株を買い漁《あさ》る。一般の人たちが株価のさらなる下落を恐れてためらううちに、バーゲンセールは終わってしまう。数日前まで付加価値を載せて高値で売っていたブランド品が、いきなり2~3割引きセールを始めれば、誰もがその商品を買うだろう。さらに、この商品は消費財ではないので、あとで高値で売ることもできるし、配当ももらえるのだから、あっという間に売れるのも当然だ。**誰かにとってのブラックマンデーは、ほかの誰かにとってのブラックフライデーなのだ。**

冒頭のような質問をする人には、ふたつのケースがある。

ひとつは、早く収益を上げたいケース。

もうひとつは、自分が買いたくて買ったのではなく、誰かから勧められて買ったケースだ。もとのお金の質が悪く、買った銘柄も信じられないので、成果を挙げられないのだ。このふたつの弱みを直さない限り、資本利益を得ることは死ぬまで無理だと肝に銘じておこう。

だから投資をする人は、予測が的中したときだけ収益が出るような状態に身を置いてはならない。市場がさらに悪化しても対応できるような状態で、投資しなくてはならない。これが投資の定石だ。

小さな秘密

29 家賃を払っている人こそビルの持ち主だ

いまビルのオーナーに家賃（賃貸料）を支払っている人は、そのビルを所有する能力をいちばん多くもっていることになる。これは、どの業種のビジネスをしていても同じことだ。

オーナーは自分で家賃を生み出すことができないから、ビルに入居するという事業を通じて家賃を払ってくれる人を探したのだ。つまり、あなたが家賃を支障なく支払える事業を運営しているのなら、あなたには**そのビルを所有する能力があるわ**けだ。

店舗、工場、オフィスなどの事業所をもち、収入を得て家賃を支払っているすべての事業者は、自分の事業から2種類の収益が発生していることを知るべきだ。ひとつは当然、事業自体から得る収益であり、もうひとつは、顧客として人が出入りすることから生じる不動産価値の増加による収益だ。

もし商圏をまたいだ集客能力をもつ人気のレストランを経営していれば、その店主は飲食サービスで稼ぐお金よりも、人の出入りから生じる収益のほうがずっと大きいこともある。このような人は、人の出入りによる収益をすべてビルのオーナーに奪われることになる。自分の能力で建物や商圏に顧客を集め、それによって生じた建物の価格や賃貸料の上昇を、逆にビルのオーナーに支払っているのだ。

こうした人たちの事業の本質はレストランの経営ではなく、不動産事業だ。彼らには、自らの経営能力によって、さびれた場所や空き店舗を甦《よみがえ》らせる力がある。ただ、誰よりも優れた不動産事業家になる資格をもった経営者だということを、自分でわかっていないだけだ。つまり、**自分が白鳥であることを知らない、みにくいアヒルの子のようなものだ。**

韓国では「**造物主の上には建物主がいる**（**神よりも地主が強い**）」という言葉があるが、ビルのオーナーとて同じ人間だ。せっせと貯めたお金とローンでやっとビルを購入しても、入居者が放漫経営で家賃の未払いが続き、あげくに夜逃げでもされた日には、オーナーも首をくくらねばならない。造物主の上に建物主、さらにその上に銀行が控えているからだ。

借金に勝てる人はいないが、あなたは家賃を月々支払い、事業を継続してきた。もし建物を所有したら、銀行のローンもしっかり返済できるはずだ。銀行のいちばんの上客は、あなたのような人なのだ。だから、**自らビルのオーナーになって、事業収入と人の出入りによる利益の両方を手に入れよう。**人の出入りによる利益のほうが、飲食サービスによる収入より多くなることもある。頭金をつくり、ローンを取りつけ、適当な建物を見つけてうまくいけば、それを土台にビルを数棟手に入れることができるだろう。このような顧客には、銀行が最も安心してお金を貸してくれる。これはレストランだけでなく、塾やオフィス、保育園など、すべての事業に当てはまる。

お金をかけずに不動産を手に入れる方法とは

私たちが知っている大企業も、じつはすべて不動産利益を同時に得る形態をとっている。マクドナルドは世界最大級のレストラン・チェーンだが、

世界でも有数の不動産業者でもある。

ほとんどの大型スーパーや、ディズニーランドなどのテーマパーク、ホテルといった事業者も不動産事業をおこなっている。フランチャイズも不動産事業になりうる。フランチャイズは個人店よりも閉店率が低いため、売り場を確保してフランチャイズの店主から家賃を受け取ることができる。マクドナルドがこのモデルを採用している。

農場も顧客が農産物を買いに来るようになれば、不動産事業と言える。生産、製造、販売を同時におこなう農場なら、立派な不動産事業者だ。このような事業形態を第6次産業と呼ぶこともある。

生花店も不動産事業者になれる。私は長くソウル市内で生花店を運営しているが、何店舗かは建物を買ってそこに店を構えた。売りに出ている物件が、うちの店が入居して現在の平均的な家賃を支払える程度の商業ビルなら、**ビルを丸ごと買ってそこに店を出すのだ。**私たちが引き寄せる人流資産を不動産のオーナーに奪われたくないからだ。

有能な事業者なのにビルを買わない人もいるが、その理由にはあきれてしまう。まず、不動産を買うことを一度も考えたことがない。彼らはビルを買うには多額の資金が必要だと思っているからだ。「売り場をひとつ出すだけでも大変なのに、不動産を買うなんてとても」と、頭から決めつけて尻込みしているのだ。だが、これは考え違いだ。自分より能力のないオーナーでもビルをもっているのに、変だと思わないのだろうか。

近隣の物件を見て回ったり銀行に相談したりしながら、頭金を用意しておけば、だんだん方法が見えてくる。**あまりお金をかけずに不動産を買う方法は、意外に多い。**いまの事業に注ぐエネルギーの半分でも不動産の勉強にあてれば、よい物件を手に入れるチャンスをつかむことができる。不動産はそれ自体、賃料という一種の配当を生む商品なので、レバレッジ効果が大きい。甘く見てはいけないが、思っているより簡単だという話だ。

「家賃を支払う人こそビルの持ち主だ」

この言葉を忘れずに事業をやっていれば、ある日気づけばビルのオーナーになっているだろう。このことを忘れなければ、毎年の賃貸料値上げに苦しみ、あちこち引っ越ししながら家主の悪口を言うこともなくなるだろう。ひとつの建物を手に入れてローンを返済したあとは、レバレッジを使って別の物件を買うこともできる。不動産はそうした特別な投資商品なのだから、絶対に諦めるべきではない。

小さな秘密

30

不動産と株、投資するならどちらだろうか？

過去10年間の韓国の不動産指数と株価指数を比べて見ると、そう大きな違いは感じられない。
もちろん、過去20年間を見れば株式市場のほうがよい結果を残しているのは事実だが、不動産指数には株の配当にあたる賃料が含まれていないので、どちらがいいか決めることは難しい。

一般に**不動産投資と株式投資はまったく違うものだと思われているが、**

そのような見方は誤っている。

不動産投資は保守的で安定性が高く、株式投資は攻撃的で高成長を見込めると思われがちだ。
しかし、不動産市場にも賃料の収益を基準にして売買する市場があるし、不動産開発によって収益を生む市場もある。

賃料に注目した不動産投資は、いわば高配当の優良株への投資と同じであり、不動産開発への投資は有望なテーマ株への投資と同じ性格をもっている。

つまり、**投資市場の違いで投資の性格を分けるのではなく、**

投資スタイルによって分けるべきだ。

株の配当を受け取るのは、家賃を受け取るのと同じだ。家賃収入を目的にする家主は、不動産価格を毎月確認する必要はない。

配当目当ての株式投資も、配当の額が重要なのであり、株価の変動はあまり問題にならない。

そうした人は、今年の不動産価格が上がらなかったとか、株価が上がらなかったからといって焦らない。不動産価格は賃料更新に従って上がるものであり、株価は実績に従って上がるものだと思っているからだ。

だから、どちらの投資者も同じ性質をもっていると言える。

株と不動産のどちらがよい投資先なのかと尋ねられたら、彼らは配当と賃料とを比べてより多いほうがいいと答えることだろう。

「いま株を買うべきか？」への答えがバラバラな理由

株に投資する人も、大きく2種類に分かれる。

両者はまったく違う部類の投資者だ。

会社の内在価値に注目し、実際より低く評価されている会社の株を買っておき、成長するのを待つ長期投資を好む投資者がいる一方、群集心理に基づく株価のテクニカルな変動に目をつけて売買するトレーダーもいる。

同じ会社の株を売買するにも、その会社とともに仕事をするつもりの人もいれば、右から買って左に売り抜けるトレーダーもいる。

テクニカル分析により売買する人は、優秀なトレード・ツールと取引高だけに神経を使えばいいので、どんな会社で、その会社の将来はどうなるかなどには関心がないこともある。

そういうわけで、株式投資の初心者が誰かに「いま売るべきですか？」とか「いま買ってもいいですか？」と質問をしても、てんでばらばらの答えが返ってくるのだ。

尋ねるほうも自分がトレーダー（Trader）なのか、投資者（Investor）なのかを知るべきだし、答える人も質問者がトレーダーなのか、投資者なのかを知ってから答える必要がある。

質問するのはいい。

勉強ができれば必ず成功するというわけではないが、質問する人は成功する確率が高い。

ところが、投資の世界は別だ。

投資はお金に直接結びついているので、言葉ひとつによる決定が損益と深く関係している。

いちばんの問題は、答える人が答えを知らないことだ。

銀行員、証券会社の社員、会計士、プロの投資家、さらには有名なファンドマネージャーでさえ、本当の答えを知らない。

彼らが言えるのは自分たちの展望や噂だけだ。

新聞やテレビでよく見かける「投資プロの必殺技」「推薦銘柄」「狙い目」「投資のコツ」「値上がり予想銘柄」「実践投資法」「テクニカル分析による秘法」などの**魅惑的な言葉は、**

すべて詐欺だと言っていい。

彼らはこうした方法によって自ら投資した結果、むしろこれを教える側に回ったほうが儲けになると知った人たちだ。

または、証券会社がスポンサーについた番組で、取引量を増やすために雇われた人たちだ。

証券会社は、取引量さえ増えれば利益になるからだ。

預金通帳を公開すると言って偶然の成功を自慢したり、ネズミ講の頂点にいる者が高級車や通帳を見せびらかすのと変わらない。

本来、慎重な投資家であれば、自分の投資方法を自慢したり、通帳を人に見せたり、他人に投資を勧めたりしないものだ。

こうした行動は、周囲に思わぬ被害者を生み出すこともあるし、アドバイスを聞いて成功しても長続きせず、失敗すれば恨みを買うので、家族や知人に対しても慎重に接するしかない。

聞く前に尋ねるだけの資格を備えるべきだし、その資格を備えるために勉強していると、なぜ尋ねてはならないのかおのずとわかるようになる。

そうすれば、「不動産投資と株投資のどちらがいいのか」という質問がどれほど恥ずかしいものかもわかるだろう。

恥ずかしい質問であることがわかった瞬間、あなたは投資をする基本的な資格を備えたことになる。

小さな秘密

31

これ以上働く必要がなくなった日が あなたの「独立記念日」だ

独立記念日、光復節〔解放記念日〕といった国家記念日は、いずれも国家の主権回復を祝うためのものだ。

同じように、**個人にも記念日がある。**人生で最も重要な記念日は誕生日と結婚記念日だ。

親から独立して独り立ちをした日は、個人の光復節と言えるだろう。

また、財政的自立を達成して経済的自由を勝ち取った日は、個人の独立記念日と言えるだろう。

私にとっての独立記念日は6月27日だ。

この日に私の不労所得が、勤労所得を越えたからだ。

もう働かなくてもよくなった日々の始まりを、

私は自分の独立記念日とした。

個人の所得には大きく分けてふたつある。

ひとつめは、労働や仕事をすることで生み出される給与収入だ。会社員、自営業者、公務員、専門職従事者、経営者も、実際に仕事をしないと収入が発生しない。自分の勤労所得が基本的な所得の源泉となる。彼らは会社や上司、国民、顧客、消費者のために働く。誰かのために働くということは、自分に与えられた時間と才能を他人に提供して収入を生み出すということであり、もし提供される側がそれを拒んだら、あなたの収入は消えてしまう。自分に決定権がないので、主権がないわけだ。

ふたつめは、自分が働かないでも得られる収入だ。

個人が経済的自由を勝ち取り独立するには、自分の労働ではない別のところから収入を生み出す必要がある。つまり、**自分が働いて稼いだ収入を大切にし、**この所得によって**資産を生み出せるようにするのが独立運動のスタートだ。**

あなたがまだ独立していないのなら、すべての所得は資産を生み出すために使うべきだ。所得の大半を資産ではなく消費財に使う人は、一生独立できない。所得を貯めて資産をつくり、資産がさらに資産を生み、そうやって生まれた資産の規模が自分の勤労収入を上回る日こそが、個人の独立記念日だ。

「自由を勝ち取った日」を永遠に祝福すべし

その日を早く迎えるためには、5年、10年、20年にわたる資産運用計画を立てて投資をおこない、必ずや自分の世代で貧困の連鎖を断つ覚悟をもつべきだ。そして独立を達成したら、それ以降は仕事をしようがしまいがあなたの自由だ。引退してもいいし、働いてもいい。なんでもできる自由と、何もしなくてもいい自由を同時に勝ち取ったからだ。

あなたに**自己決定権が生まれた日**と言える。

独立を果たしたら、多少は贅沢をしてもいいだろう。毎年この日を記念して、高級レストランを予約したり、旅行を計画したりしてもいい。自分のために花束を買うのもいい。

あなた個人の独立記念日は、**自分ががんばって達成した日なのだから、思う存分お祝いしよう。**家族とともにこの日をお祝いし、最も重要な記念日として記憶し、正しく富を享受し、再び貧しい暮らしに陥らないよう決意を固めることにしよう。

家族のこうした文化を通じて、子どもたちにも成長して親元を離れる光復節や独立記念日を自分で祝えるよう教育するといい。私は本書を読んでいるみなさんも独立記念日を1日でも早く迎えることを望んでいる。我が社の生花店に、自分の独立記念日を祝うための花かごの注文が毎日数百も舞い込む日を待っている。

小さな秘密

32

お金持ちになるために絶対に必要な「4つの能力」

経済活動を営む人なら誰でも、お金を扱う4つの力によって資産を増やすことができる。このうちひとつしかもたない人もいれば、4つをすべて備えている人もいる。

この4つとは、稼ぐ力、貯める力、守る力、使う力のことだ。稼ぐ力をもった人をお金持ちと呼ぶが、いったん稼いだ富を維持するには、これら4つの力すべてが必要だ。4つの力のうちひとつでもあればお金持ちにはなれるかもしれないが、富を維持し続けることはできない。そして、これらの力は、それぞれ別個の能力だ。だから、それぞれ違った方法で学ぶ必要がある。

1. お金を稼ぐ能力

「お金を稼ぐ力」のある人はよく目にするだろう。この力は外から見えるからだ。

この力をもつ人の多くは進取の精神をもち、事業に精通し、セールスのうまい有能な人だ。楽天的で諦めることを知らないので、事業家にはこのタイプが多い。

専門的な職業に就き、真面目で堅実な人にも、この能力がある。

特に事業家のなかには、この能力だけが並外れている人が多い。

ところが、彼らは相対的にほかの力が欠けていることが多い。

借金をつくったり、詐欺に遭ったり、部下の横領に気づかなかったりと、財産の管理に未熟な面がある。

彼らは口癖のように言う。「どんどん外に出て稼ぐことだけをしたい」、と。

こういう人は会計のことや細かな投資の問題を理解したり、財務諸表を読むことを面倒に思い、おろそかにするのが常だ。

だから、**いったん財産を築いても、大きなお金を失ってしまう。**

税務申告も適当で、複雑な投資関係の支出についても「信じて任せる」という鷹揚《おうよう》な態度を取るが、じつは面倒で理解できないからだ。

また、どうやったらそんなにお金が稼げるのかという質問を受けても、自分でも稼いでいる自覚がない場合も多い。

常に散財しているため、あとに何も残らない気がして、たくさん稼ぎながらも稼いでいる実感がないからだ。

2. お金を貯める能力

「お金を貯める力」は、稼ぐ力とは別の能力だ。

よく稼ぐからといって、よく貯められるわけではない。お金を貯めるには資産のバランスをとり、細かな支出を管理する能力が必要だからだ。

加えて、領収書の整理や物品の管理といった些細なことから、税率、利子、投資、為替に関する知識を身に着け、財政や支出の管理まで、しっかりやれなくてはならない。そもそも、お金に対する正しい態度を備えることが必須だ。

つまり、**小さなお金をないがしろにせず、大きなお金は使うべ**

き場所に使ってやることだ。小さなお金をないがしろにすれば、周囲の人もそれに倣ってお金をないがしろにするし、大きなお金を使うべき場所に使わないと、周囲の人は去っていくものだ。

人が去るときは、お金ももっていく。だから、貯める力には人柄の違いが出る。がっちりした面と鷹揚な面の両方を共存させる必要がある。稼いでも貯め方を知らなければ、底の抜けた瓶《かめ》と同じだ。いくら稼いでも穴が空いていたら、いつか空になってしまう。

3. お金を守る能力

「お金を守る力」は、稼ぐ力のある人が貯める力を身に付けたあと、その財産を守るためになくてはならない能力だ。これも稼ぐ力や貯める力とは完全に違う、別個の能力である。**財産を守るのは、最も難しいことのひとつだ。**城は攻めるよりも守るほうが難しい。このレベルまで来ると、資産家として名が知られ、よい待遇も受けられる。家を一歩出れば、贅沢と虚栄が待ち構えているようなものだ。そして自分に見合った家、車、食事、友人、ブランド品を求めるようになる。自分が金融、政治、経済を見る目も一般人とは違うのだという意識をもち、先生の話を聞くよりも、自分が先生になったり、いっぱしの人物になったように考える。

資産が消えるのは、ほんの一瞬だ。

家を建てるのに3年かかっても、倒れるのはたった1日だ。築いた資産を失ういちばんの理由は、資産をしっかり管理して、ふさわしい場に投資できないからだ。

投資ほど難しいものはないが、

何もしないでいるのは最悪の投資だ。

だから、必ず投資しなくてはならない。ところが、投資というのは、ただがんばるだけではうまくいかない。洞察力とマクロな視点が求められ、買うときと売るときの基準をもたねばならない。それがないと、一瞬にして積み上げた城壁が崩れてしまう。

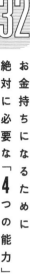

4. お金を使う能力

最後は、「お金を使う力」だ。お金を使うには、高度の政治的テクニックを要する。質素であると同時に、ケチであってはいけない。自分は質素に生きるべきだが、それを家族や周囲の人、社員たちに無理強いしてはならない。「お金持ちの自分もこれほど倹約しているんだから、あなたもそうすべきだ」などと説教するのは言語道断だ。それは人生の価値観が違うからだ。

支払いの期日は必ず守ること。

支払いを遅らせたり、あと回しにしたりしてはならない。親や子どもへのこづかいであっても、社員への給料を払うように、決まった日にきちんと渡すべきだ。

また、清掃、修理、デリバリーなど、日当で暮らす人に仕事を頼んだら、その日のうちに代金を払おう。**時間を切り売りして生活する人の時間を奪ったら、その代価を払うべきだからだ。**

美容室の予約を忘れたり遅刻したりして、美容師の仕事に支障を与えたら、それなりの代金を払う必要がある。彼らにとって、その時間は二度と戻らない資産だからだ。予約したレストランにどうしても行けなくなったら、謝るのではなく、キャンセル料を払うほうがいい。それが常識的なやり方だ。

弁護士の友人に相談したら、食事をおごるのではなく、相談料を払うほうがいい。その弁護士だって、食事代くらいは自分で払えるだろう。専門分野に関する相談料が高額なのは、知識にそれだけの価値があり、その知識を学ぶのに多くの時間がかかるからにほかならない。

逆に、つまらない見栄を張ったり、羽振りのよさを示そうとして、むやみに人におごるのはやめよう。**お金のあるほうが食事代を出すべきだと思っている人とは、つき合う必要はない。**そんな人から悪口を言われても、それは良薬だと考えよう。格好をつけたいから、プライドを保ちたいからと人におごるのは、無駄な努力だ。他人のお金を尊重できる人に対してなら、食事を何度かおごるのはかまわない。だが、おごってもらうのを当たり前に思っている人にまでおごっていると、自分のお金に叱られるようになる。お金をうまく使う力を学ぶには、人から悪く言われることも必要だ。自分のお金に叱られるよりいい。お金を怒らせると、あなたのもとを去っていくかもしれないからだ。

つまり、この4つの力がそれぞれ別の能力であることを知り、ひとつずつ学んで努力する必要がある。

このうちひとつでもおろそかにすると、長くお金持ちでいることはできない。一時的にお金持ちになることは可能かもしれないが、そうなるとあとがみじめになる。いったん手に入れたものを奪われる悲しみは、一度も手に入れなかったときよりも大きいからだ。たくさん稼ぎ、がっちり貯め、しっかり守り、うまく使う幸福なお金持ちになろう。

小さな秘密

33

「憂《ゆう》鬱《うつ》」になる業界には投資しない

どれほど稼げるとしても、**私が絶対にやらない事業と投資がある。**

人の幸せを奪うことで稼ぐことだ。

具体的には、戦争関連の企業、兵器産業、タバコや酒、マリファナ、麻薬などの分野だ。グレーな領域の事業にも関わらない。

ある友人が、レッカー移動の会社をやっている。

事故はもともと起こるものだし、レッカー車のせいで事故が増えるわけでもないから、悪いビジネスとは言えない。

しかし、誰かが不幸になることで収入が生まれると思うと、やはり嫌な気持ちになるものだ。

この事業の最大の収入源は、死亡事故だ。

そうなると当然、不穏当な考えが頭をよぎる。このように、誰かが死んだり、傷ついたり、失敗することで稼ぐ事業は気が進まない。誰かがやるべき仕事ではあるが、あえて自分がやりたいとは思わない。

その他、取り立てや負債の清算、質屋のような事業も敬遠している。誰かの悲しみが染みついた仕事だからだ。

一部の製薬会社も、病気がはやったり死亡事故が増えたりすると株価が上がる。薬は死を遠ざけ病気を治療するためのものだが、同時に病気がはやって人が死ぬと株価が上がるというのも事実だ。自分が経営者や投資家だったらどんな気持ちになるか、容易に想像できる。

それ以外に近づかないようにしている分野は、**公害や異常気象の発生によって株価が上がる企業だ。**

だが、このような考えには反論もあるだろう。どうせ誰かがやるべき、必要な仕事だからだ。

それでも私は、自分の資産のなかに悲しみに濡れたお金や不幸が染みついたお金を混ぜたくはない。

私が稼ぐお金も、そのお金ごとにストーリーがある。

子どものころ、**黄順元**《ファンスノン》〔1915〜2000年　詩人、小説家。1955年に『カインの後裔《こうえい》』でアジア自由文学賞を受賞〕の短編『にわか雨』を読んで、清純で可憐《かれん》な少女が私の理想となったが、年を重ねると、清純で可憐なタイプの女性は、私にとって家族にはなり得ないと悟った。

明るく愉快な人といっしょに暮らしてこそ幸せだ。妻が憂鬱な顔をしていると、家族みんなが顔色をうかがうようになり、家が暗くなる。

それと同じで、

お金も憂鬱で暗いものは遠ざけたほうがいい。

いっしょにいるお金が去って行くのが心配だからだ。

小さな秘密

34

「保険」はまったくもって「貯蓄」にはならない

月収が25万円ほどある友人がいる。

ところが、彼は毎月の保険料に8万円払っており、いつも大変そうだ。なぜそんなに高額な保険料を払っているのか聞くと、**彼は保険を貯蓄だと考えていた。**しかし、保険とはそもそも契約当事者が保険料を支払い、財産や生命、身体に関わる事故が起きた場合に備え、安全網を構築することを目的にしている。

ところで、保険会社は生命保険や損害保険のような日常の危険に対する保険だけを販売しているわけではない。

保障性保険や貯蓄性保険をはじめ、定期保険、終身保険、変額保険、ユニバーサル保険、個人年金保険なども販売している。

保険とは、リスクに基づいた確率のゲームだ。

保険会社、つまり商品を開発する会社は、危険や損失が生じる領域を探し出し、その領域の実際の損失発生件数を計算して保険額を決める。

たとえば、人口1万人の町で「ひとり当たり1万円」ずつ集めると、1億円になる。年間の交通事故死者数がそのうち5人だとすると、**それを5人に2000万円ずつ分配する**というわけだ。自分がその5人に含まれるかもしれないという不安があれば、年1万円払うと、万一事故に遭っても残った家族は生活できるので、悪くない制度だと言える。

この1万円は、この商品の原価となる。

これは国や非営利団体が無料でおこなっている事業ではなく、利益を追求する私企業がおこなっている。

彼らは自分たちで保険商品を開発し、宣伝して、事故が発生すれば審査もおこなう。営業費用も必要だ。

さらに保険は積極的な売り込みが必要な商品なので、乗合代理店などを通じて営業、販売されている。

乗合代理店では各保険会社の商品を比較分析し、それを消費者に勧める。ひとつの商品を売るために巨大な会社組織が必要となり、管理費や宣伝費、販売経費がかかるので、原価の1万円にマージンを乗せる必要がある。

問題は、保険会社が各種手当を含め、多い場合は月の保険料の**4〜10倍もの金額**を代理店に手数料として支払っている点だ。つまり、保険料のほとんどが販売手数料として保険外交員に支払われているわけだ。

これだけではない。乗合代理店には**最大6倍**まで手当が支払われることもある。これを含めると、保険加入者が支払う毎月の保険料の**最大16カ月分**が手当として出ていく計算だ。保険の解約が難しく、中途解約時に元本割れするのはこのためだ。

さらに、保険会社はこのように多くの手当を支払うとともに、自社の社員の給与、オフィスの賃貸料、宣伝費などを保険料に含める必要がある。そういうわけで、**原価1万円**の保険の場合、その保険料は多い場合は月に**4万円以上**にもなる。これはちょうど、原価の何倍ものお金を払って外食するようなものだ。お金持ちなら気にしなくていいかもしれないが、そもそも保険に入るのは自分の資産が心配な人たちだ。毎日3食を外食するようなぜいたくはできない。

保険会社が「裏」で本当は何をやっているのか

だが、問題はこれで終わりではない。保険会社は保険の名でさまざまな金融商品をも扱っている。これらの商品は、じつは保険というよりも、**保険会社で扱っているような商品を保険に見せかけて、顧客のお金で投資をするものだ。**

保険に貯蓄や年金が付帯している商品はすべて同じだ。

保険商品にはＶＩＰ、スマート、安心、ファースト、一生のような単語が頭についているが、これは私にはこう聞こえる。

「我々はスマートに、一生、何よりも我々のことを第一に考え、顧客をＶＩＰのようにもてなすふりをするので、安心せよ」

韓国ではこれらの商品の予定利率は2・5%ほどになっているが、10年間の利益率が20%を超えるものはほとんどない。

貯蓄性保険は加入してから7年間は、代理店のインセンティブなどの経費を差し引いた金額だけが投資されるので、保険料全体を基準に見ると、予定利率と実際の利益率に大きな差が出るのだ。したがって元本をベースに見れば、加入後5～6年まではほとんど赤字になる。
特にテレビコマーシャルでよく見る終身保険は、保険会社にとっていちばんうまみの大きい商品だ。加入者は一生涯、保険料を支払わねばならないが、保険料が高額なので、5～7年ほどのあいだに7割の人が解約し、元本割れしてしまう。保険会社のほうは解約による利益がかなりあるため、最も積極的に販売を奨励し、代理店の手当も高い。

生命保険は、あなたがいま家族を養う必要があり、収入のすべてが給与所得であれば、加入すべきだ。

しかし、給与とは別に資産所得があるなら必要ない。自動車保険は強制保険だけでもかまわない。アメリカの一部の州では、10万ドルのデポジットさえあれば、別途に任意保険に加入しなくてもよい。

私は保険無用論者だ。

原価1万円の商品をわざわざ4万円で購入したり、低い運用益のために貯蓄性の保険に投資したりする理由はまったくない。原価と販売価格のあいだに、あまりにも大きな差があるからだ。

家族や友人たちと、仲間内で保険をつくることもできる。信用があって計算が上手な人が中心になって、数年も賭け金を貯めれば、かなりの金額になる。先ほど紹介した友人がこれまでに払った保険料の総額は１７００万円。彼が住むマンションの保証金よりも多い〔韓国には、家賃を払う代わりに高額の保証金を家主に預けて家を借りる伝貰《チョンセ》という制度がある〕。彼の息子が生まれたときに加入した子どもがん保険も含めて、加入している保険は８本にもなる。その子はもう18歳だ。だが、解約すれば元本を割ってしまうという心配で、むやみに解約もできないでいる。

１００年生きる時代に「必要な保険」はどんなものか

人生１００年時代、老後の心配をする人は多い。

しかし、２０１８年の統計庁の発表では、韓国人の平均寿命は82・7歳で、前年と変わっていない。もちろん、平均寿命がこの２００年間で急速かつ着実に伸びてきたのは事実だ。人類の平均寿命は、１８００年代にはわずか40歳だったが、１９００年代初頭には60歳に達し、２０００年代に入ると80歳になった。

しかし、これは石鹸の普及や栄養状態、住環境の改善、各種予防接種の発明と普及にともなう乳児死亡率の低下がもたらした結果だ。だから、平均寿命はどこまでも伸び続けるわけではない。伸び率が頭打ちになったのは2011年からだが、この傾向から見て、今後は平均寿命が1年伸びるのに12年程度かかると考えられる。

仮に2100年に平均寿命100歳が現実になるとしても、読者のなかでそれまで自分が生きていることを心配して保険料を払う人は少ないだろう。人生100年というキーワードは、保険会社が打ち出したスローガンでも最高のヒット作だ。運が悪ければ100歳まで生きてしまうかもしれない、という意味だ。

事実、私は自分の会社の**健康保険と自動車保険以外にいかなる保険にも加入していない。**住宅に火災保険もつけていないし、生命保険にも入っていない。損害保険、旅行保険、認知症保険、がん保険にも加入していない。

私は韓国とアメリカにそれぞれ30万円ほどの健康保険料を支払っているが、過去10年間の医療費支出は10万円にもならない。運転もほとんどせず、二十数年前に接触事故があったきりだ。それも後ろから追突されたものだ。

人は最悪のケースを心配して保険に加入するが、その保険料、二十数年分を預金しておけば、確率上は自己保険（預金）のほうが有利だ。**なぜなら、保険会社のどの商品も、そもそもあなたに不利なように設計されているからだ。**貯蓄型とか、非課税とか、更新型とか、魅力的な誘い文句がついていても、結局は顧客にとって不利な商品でしかない。

さらに保険会社には、自社にとって損になりそうな顧客を拒否する権利もある。病歴があったり、高齢だったり、特定の危険な職業に就いている人は加入を断ることができるのだ。

それでも、保険で得した人も多いはずだという反論もあるだろう。しかし、カジノで儲かる人だって48％いる。全員が損をしたら、誰もカジノに行かなくなるだろう。

読者のみなさんには、**ぜひ保険に対して考え直すことをお勧めしたい。**起こる確率の低い事態を恐れて、自分の経済力を超えた保険料を払うのは本末転倒だ。自分で保険を設計したり、家族や親戚と家族保険通帳をつくって共同投資したりして、自ら資産を管理できそうなら試してみよう。

実際、お金持ちになったら保険は不要になる。資産の一部が十分に保険の役割を果たしてくれるからだ。だからお金持ちのところには、さらにお金が貯まるのかもしれない。

小さな秘密

35

「美しい物」を買っても、やがて「美しいゴミ」になるだけ

数年前の春、私と妻は結婚30周年を迎えて世界旅行ツアーに参加した。プライベートジェットをレンタルし、コンシェルジュを何人も従え、医師やコックも同行する、世界一高価なツアーだ。

ぜんぶで9カ国をめぐりながら、最高級ホテルで最高の料理とサービスでもてなされた。空港でも専用ラウンジでくつろぎ、専用ゲートで入出国した。

他に参加したのはアメリカ、カナダ、イギリス、南米の起業家、投資家、ローファーム代表、メキシコの牧畜業者、カーレーサー、音楽関連事業を営む青年などだった。ふたり分の旅費が韓国の平均的マンション1棟分の価格だったから、このツアーに参加していたのは相当な資産

家、つまりお金の心配がない人たちということになる。

そうした人たちとともに旅して感じたのは、**彼ら資産家がショッピングにはまったく関心がない**ということだった。それよりも博物館めぐりや街歩きを好み、人とのつき合いが好きだった。特にショッピングセンターに行こうともせず、あれこれ記念品を買うこともなかった。にわか成金やお金持ちぶりたい人たちとは確実に違う。買い物するよりも、その場での経験を楽しみ、仲間と交流し、地元の行事に参加することが好きなのだ。

私もまた、モロッコはマラケシュのマジョレル庭園で伝統的な履物であるバブーシュ（Babouche）とオーストリッチの青いカードケースを買ったのがすべてだ。せっかくモロッコに来たのだから、かかとを踏んで履くバブーシュを1足買いたかったのと、ちょうど薄いカードケースが欲しかったからだ。妻もやはりブダペストで四角い花瓶をひとつ買っただけだ。

1カ月近く多くの国をめぐりながら、旅の思い出になりそうな物もたくさん見つけたが、十数年前、こういった品々はやがてすべて美しいゴミになることに気づいた。

実際に見て、きれいで欲しくなる物は多い。ところが、いざ家に持ち帰ると置き場所に困り、かといって捨てるにはもったいない、美しいゴミになってしまった物がたくさんあった。こうした物は飾っておいても部屋が雑然とするし、しまっておくにもやっかいだ。

だから妻は、家のインテリアを考えるときも、シンプルで無駄のない装飾品と家具だけを配置している。

空間にゆとりのある、一定のコンセプトをもったショールームのような部屋にすると、何を買えば美しいゴミになるのかがわかるようになった。

これまで買った物も片づけているような状態なので、

新たに何かを買うのは面倒になってしまった。

だから、どこか旅先で美しい物を見つけたら、
いったん手に取って、それが美しいゴミ候補になるかどうか考えてみれば、すぐに答えが出る。
ロシアのマトリョーシカも、ハノイで見つけた麦わら帽子も、日本の着物も、モルディブの海辺を模したスノーボールも、タンザニアで見かけたティンガティンガ・アートも、我が家に持ち帰ればたちまち美しいゴミになることがわかったから、ひとつも買わなかった。
体験と思い出と写真でも、家中が埋め尽くされそうだ。旅先で撮った写真のファイルを整理

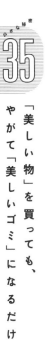

するだけで1年はかかりそうだ。

お金持ちになってお金を抱えて暮らすようになると、自然とブランド品や高価な品物に関心がなくなる。グッチのマーク入りバッグを見せびらかす場所もないし、見せびらかす理由もなくなる。あってもなくても、どうでもよくなるのだ。

自慢するための消費ではなく、必要のための消費へと、スタイルが変わる。

そうなると、**逆にブランドのロゴが見えない良品を身に着けるようになる。**オメガやロレックスではなく、200ドルのモンディーンの時計をしても見栄えがよいものだ。

どれほど美しい物も、結局はゴミになる。

ゴミは捨てるか、片づけるしかない。お金を出して美しいゴミに騙される理由はない。むしろそのお金で、最高級のイスと枕とベッドと布団を買い、ハンドメイドの靴を履くほうがましだ。どこでどんな日常生活を送っていても、これらの物はなくてはならないからだ。

小さな秘密

36

経済ニュースが報じる「解釈」を鵜《う》呑《の》みにしない

「経済に関する解釈と、政治的信念は別物である」

この言葉は、政治的信念のために経済の解釈にゆがみが生じてはならないという意味だ。

新聞の経済記事には、なんらかの意図や目的が隠されていることがよくある。だから、記事を額面どおりに鵜呑みにしてはならない。経済記事には否定的なものが多いが、これは肯定的なニュースより否定的なニュースのほうが読者の注目を集めるからだ。

街路を歩いているときに、「ほら、花が咲いている」という声よりも、「車に気をつけて！」という声のほうに敏感になるようなものだ。

アメリカの新聞の経済記事も、その新聞社の論調とは無関係に、6割が否定的な記事だ。韓国の場合は8割以上が否定的な記事となっている。批判的なニュースには監視機能があるので、否定的な記事の比率が高いのも理解できる。すべてはうまくいって当たり前、うまくいかなかったことを取り上げて大騒ぎで批判するのがメディアのおもな役割だからだ。と、ここまでは新聞社に対する好意的な解釈だ。

新聞社の問題のひとつは、経済記事を歪曲して政治的記事にするケースだ。同じ状況を報じているのに、「悲惨な自営業……1600カ所が廃業」という記事になることもあるし、「昨年の自営業廃業率、過去最低の10・98%」という記事になることもありうる。

その新聞社の論調によって、「経済政策はすべて失敗」という色眼鏡で記事を書くこともある。

他方で、1997年のIMF通貨危機当時などは、海外メディアが絶えず韓国の為替危機の可能性を指摘してきたのに、国内の新聞が楽観的な記事ばかり書いていた。むしろ当時の国内メディアは、「危機感を煽るのはやめろ」「経済を悲観する必要はない」といった社説を掲載していた。

こうした記事は、いずれも経済記事というより、政治的記事だ。

自分の政治的立場が大

きく偏っていると、経済状況を判断する能力が低下する。実物経済に対する判断を誤ると、ややもすれば投資で失敗することもある。

他人に対して強い嫌悪を感じるケースのひとつは、相手が自分と政治的立場が異なる場合だ。むしろ、宗教が違う場合は問題ない。

学歴や経済の格差も、友だちとしてつき合うぶんには特に問題はない。Facebookでも、宗教が違うから友だちをやめるという話は聞いたことがない。

ところが、政治的立場が違う相手を露骨にブロックするケースはよく見かける。政治的立場が大きく異なる人同士は、殺し合いに発展するほど強い嫌悪感を引き起こすこともある。

歴史を見れば、実際に互いに殺し合うこともあった。

世界の歴史では、宗教対立から戦争に発展したこともあるが、その裏側には、宗教にかこつけた政治的な利害関係があったと言える。

結局、最も深い感情の対立は政治によるものだ。だから、一方の立場を全面的に支持するような強い政治的考えをもつと、新聞やテレビのニュースから自分の立場に合った記事ばかりを選んで見るようになる。そうなると、何かを考えたり判断したりするときも片方に偏ることになる。

もちろん、ある政治的立場をとること自体が悪いわけではない。

ただ、**経済記事を読むときは、事実を判断するために実際のデータの資料を必ず参考にすべき**という点を覚えておいてほしい。

見出しや論調が偏向していないか、**常に疑うべきだ。**

投資や事業は、一度でも方向性を見失うと競争で出遅れたり、さらには会社自体が潰れてしまうこともある。

例えば、住宅価格が暴落し、不景気で資金が底を突いているようなときに、いきなり「住宅価格に上昇の兆し」というような根拠のない記事が出ることもある。住宅購入を煽る記事を額面どおりに信じたら破産するかもしれず、そうなったとしても誰にも責任を問えない。だから、あなたも個人的な政治的立場と自身の経営判断は別個のものとして考えるべきだ。

第3章

どうすれば1億円は貯まるか

75の小さな秘密 37-56

小さな秘密

37

1億円の呼び水となる「1000万円」を作る5ステップ

まだ水道が普及していなかった時代は、井戸を掘って地下水を汲《く》み上げて使ったものだ。地下の水脈にパイプを挿入してポンプを取り付ける。そしてポンプにバケツで水を一、二杯注いでから、ピストンを力いっぱい上下に動かすと、地下にある水が汲み上げられるのだ。ポンプの構造を見ると、内部に水を引き上げるためのシリンダーがあり、そこにゴム弁がついている。水を汲み上げる際にゴム弁がシリンダーをふさぎ、汲み上げた水が下に漏れないようになっているのだ。

このときに上から注ぐ水を「**呼び水**」という。水を呼ぶ水、という意味だ。最初に呼び水を入れてやりさえすれば、ポンプを動かしつづける限り水を汲み上げることができるが、呼び水なしに水を汲むことはできない。だから、ポンプの横には常に呼び水用の桶《おけ》が備えてあった。

お金を貯めるときも同じで、資本を集めて投資して資本収益を得ようとするなら、呼び水にあたるお金が必要となる。**それが種銭だ。**

種銭とは、文字どおり作物でいえば「種」にあたるお金のことだ。適正な投資をおこなうには、1000万円ほどの資金が必要だ。それぐらいはないと、株や不動産で意味のある投資はできない。この資金は、これから1億円、10億円、100億円を生み出す種になるものだ。では、若い人たちが1000万円を作るにはどうしたらいいだろうか。その現実的な方法を5つ挙げておこう。

小さな秘密 37

1億円の呼び水となる「1000万円」を作る5ステップ

1. 1000万円貯めようと言葉に出す。

2. 「私は1000万円貯めてやる」と紙に書いて壁に貼る。

3. クレジットカードをハサミで切って捨てる。

4. 銀行口座を用途別に複数作る。

5. まず100万円貯める。

何か成し遂げたいことがあるときは、まず「本当にこれをやってやる」という気持ちを持つべきだ。静かに机の前に座り、こう独り言を言ってみよう。

「私は自分の代で家族の貧困の連鎖を断ち、みんなから尊敬されるお金持ちになって、家族と愛する人を守っていきたい」。

そう言葉に出した瞬間、言葉は力を持ち、それを実現するための行動へと導いてくれる。言語を閉ざすと、思考が閉ざされ、行動も閉ざされる。逆に言語を開いてやれば、思考も開かれ、行動へとつながるのだ。**この言葉を心の底から、真剣に口に出そう。**つらいときは、いつもこの言葉を繰り返してほしい。これがスタートだ。

次に、**「私は1000万円貯めてやる」と紙に書いて、机の前などの目立つ場所に貼っておこう。**

すぐ目に入る場所なら、トイレでもいいし、食卓の上でもいい。何カ所かに貼っておくと、なおいいだろう。あなたの欲望が強ければ、スマホの待ち受け画面やパソコンのスタート画面にもこの言葉を書くことだろう。誰かに見られてもかまわない。あなたの欲望を理解し、応援してくれる人が多ければ多いほど、目標に近づくはずだ。

冷やかす人がいても、かまわない。それも練習だと考えよう。富を築く道のりで、常に周囲から冷やかされるだろうからだ。こうした嘲笑や非難を投げつける人は、あなたの富が彼らの手の届かないほど大きくなれば自然と減っていくので、気にする必要はない。

以上のふたつの方法は、次に挙げる3つ目の方法に比べて簡単なように見えるが、じつはいちばん難しい。人の心を変えるほうが、行動するより大変だからだ。お金持ちになれない人の大半は、能力やチャンス、種銭がないからではなく、本当にお金持ちになろうという欲のない人だからだ。

「お金の敵」を倒すためのハサミを用意せよ

3つ目の方法を実行するには、ある道具が必要だ。ハサミを探してきて、クレジットカードを切り捨てよう。富を蓄えるための必要条件は、複利を味方につけることだ。片や、**クレジットカードは複利の敵だ。**敵に回した複利は、あなたの首を絞め、しばしば邪魔をするようになる。だから複利を自分の友にして、協力させるために、まずクレジットカードを切り捨てるのだ。複利を味方にすれば、お金を周りに集める準備ができたことになる。

これからは現金とデビットカードだけを使おう。小銭が増えると不便だし、デビットカードは銀行に残高がないと使えない。だが、心配は無用だ。少し我慢していれば、複利が助けてくれる。最初の1カ月か2カ月は、買いたい物も買えず、苦しいかもしれない。だが、苦しさに耐えて薬物中毒から抜け出すように、未来の所得ではなく現在の所得で生きる習慣を身につけるべきだ。

4つ目の方法は、**銀行口座を複数作る**ことだ。

ひとつの口座に光熱費や生活費など全部入れておくのではなく、追加で3つか4つ口座を作り、そのうちひとつは純粋な生活費だけを引き出す口座とする。この口座には、家賃、通信費、交通費など必須の生活費だけを入れておく。そして他の口座には、外食費やコーヒー代など、余裕資金と決めた金額だけを入れておくのだ。その額は月初に決まった分だけ入れておき、月中で使い果たしても、他の口座から移したり借りたりしてはならない。

貯蓄のための口座もひとつ作っておく。このように、自分の予算に合わせて用途別に口座を作る。もしこれが面倒なら、銀行からまとめて現金を下ろして、封筒に仕分けしてもいい。手間がかかっても、ぜひやるべきだ。その理由はこうだ。

国家や企業を経営するには、予算を編成しなければならない。年間の収支を予測し、どの分野にどれだけの予算を割り当てるか決める。バランスの取れた予算を編成してこそ、統治も経営もうまくいくからだ。個人の経済活動も同様だ。基本的な生活費、貯蓄、レクリエーション、教育など、主要な項目に分けて予算を編成しよう。適当に使って残った分だけを貯蓄するというスタイルでは、国家も企業も長くはもたない。国家や企業は部門別に予算を使う権限があるので、他部門の予算に手をつけることはできないが、個人だと境界があいまいになるので、このように口座を別にして強制的に切り分けしておくわけだ。

最後の5つ目は、目標額である1000万円の**10分の1をまず貯めることだ。**

1000万円は大金のようだが、100万円は誰でも努力すれば作れる額だ。目標額は1000万円だが、1年かかろうが2年かかろうが、最初にがんばって10分の1を貯めてしまえば、面白くなって要領もわかってくるので、追加収入も入ってきて興味も湧いてくる。

2回目の100万円を貯めるのは、1回目よりも簡単だ。こうして貯める過程を経験しよう。これが1000万円への道のスタートであり、すべてである。

「お金に清潔な人」ほど、お金の奴隷になる

講演でこの話をすると、若い人たちから決まってこんな質問を受ける。

「お金のことを強調しすぎではありませんか。お金の重要性はわかりますが、そこまでしてお金を貯めていたら、お金の奴隷になってしまいそうです」

私はお金の重要性とお金持ちになる方法を説明しているだけなのだが、貯蓄や投資、節約について触れると、気を悪くする人がいるのだ。だが、私はこの質問をした若者は偽善的だと思う。


お金について話すことさえも軽蔑するようなら、お金持ちになる最初の扉は閉ざされ

てしまう。それに、お金の存在をないがしろにすること自体、すでにお金の奴隷になったようなものだ。お金のせいで病院にも行けず、勉強もできない。お金のせいで、結婚や子どもも諦めなくてはならない。さらには、親の面倒も見られず、老いても働き口を探し、金策に走り回らねばならない。

それこそ、お金の奴隷ではないか！

韓国の高齢者の半数近くが貧困層だ。

高齢者の自殺率は世界第1位を占めており、自殺の3分の1が経済的理由によるものだ。若いときにお金をないがしろにしたせいだ。

節約と貯蓄と投資の大切さを強調するのは、幸福な生活を捨てて守銭奴《しゅせんど》になれという意味ではない。むしろ逆だ。**財産を増やし、経済の仕組みを理解して、お金持ちを目指すことは、たいへん幸せな生き方だ。**若いうちからこの幸福への道を歩めば、豊かさが訪れ、さらには他の幸福もついてくる。いますぐハサミを手に机に向かおう。

小さな秘密

38

借金は、戦友にも、悪友にもなり得る

この文章を書いている現時点で、私には借金がまったくない。

私ほどの規模のビジネスをしている人で、借金がゼロというのは、あまり一般的ではない。企業としても、個人としても、まったく借金がないのだ。自宅や投資用不動産はいずれも現金で購入したものだし、信用取引などレバレッジのかかった金融商品にも投資していない。クレジットカードの残高もゼロだ。借金がないのは、私のひそやかな自慢でもある。しかし、じつはこれはかなり極端なケースであり、経営者としては自慢するような話ではない。**資産管理や投資の側面から見たら、決してバランスのいいものではないからだ。**

このような極端な無借金経営をおこなっている理由は、私の個人的なトラウマによるものだ。

若かったころ、無謀な事業に挑戦しながら、複数のクレジットカードを使い回し、銀行から不渡り手形の件で電話がかかってきたときの恐怖が、いまも消えないからだ。当時は円形脱毛症になり、銀行の看板を見るだけで心臓がドキドキした。「あつものに懲りてなますを吹く」（熱い吸い物でやけどした人が冷たい惣菜《そうざい》を吹いて冷まそうとするように、かつての失敗がトラウマになり必要以上に警戒すること）と言うが、子どものころ、私はカエルを捕まえようと穴に手を突っ込んで、ヒキガエルのゴワゴワした背中に触れてびっくりして以来、ヒキガエルを見ただけで鳥肌が立つ。大人になってからは、銀行が私にとってそうした恐怖の対象となり、いまも銀行に行くのは好きになれない。銀行に用があるときは、銀行員にオフィスに来てもらうほどだ。

借金の恐ろしさを知っているので、絶対に銀行から借金しないと決意し、それをいまも守っているが、そろそろこのトラウマから抜け出すべきときが来たのかもしれない。私はいわゆる信用スコアの低い人間だ。実際の信用はどうあれ、金融機関から借金したことがなく、返済記録も残っていないので、信用評価ができないのだ。借金と返済の履歴がないと、無条件にスコアは低くなる。私は過去二十数年にわたり一度も借金したことがないため、評価する根拠がないだけで、逆に考えれば信用度が最も高い人間である可能性もある。そのせいか、信用スコアが最低の東洋人に対してアメリカ最大の銀行は書類を2枚だけ送ってきて、2000万ドルを2%以下の利子で使える口座を作ってくれた。口座を作ってもらってからすでに6カ月経つが、まだ一度も使ったことがない。

「よい借金」であれば、いくら借りても良い

実のところ、**借金には**

よい借金と悪い借金がある。

私は悪い借金はしないという信念から、よい借金も敬遠してしまっていたのだ。これは経営者や投資家として無能とも言える振る舞いだ。個人的なトラウマが、事業のスタイルに大きく影響したのだから。大企業の多くは、内部留保を蓄積しながらも社債を発行して資金を調達し、収益を最大化しようとしている。つまり、信用イコールお金なのだ。信用があるなら、その信用を使うべきなのだが、私は自分で手足を縛っていたのである。

もちろん、いまでも悪い借金をするつもりはまったくない。しかし、よい借金はしてもいいくらいには成長したと思う。ヒキガエルにまた触ってみるときが来たのだ。会計学の基準で見れば、資本と負債の合計が資産となる。単純に考えれば、なぜ負債が資産になるのか理解できない。**4000万円**の融資を受けて**5000万円**の家を買った人が、自分には5000万円の資産があると言っているように聞こえるからだ。資産、資本、純資産といった単語は会計学的には明確に区分され使用されているが、一般には「借金を全部返済したあとにいくら残るか」と考えるからだ。だから、借金は他人のお金だからと考え、なるべく借金をしないようにするのが一般的だ。

だが、実際はお金を借りた瞬間、それは自分の好きにできるお金になる。自分の好きにできるということは、自分の資産ということだ。自分の好きにできるものを資産だと考えれば、借金が増えれば増えるほどお金持ちになるということだ。ただし条件がつく。この条件に合わせてお金を使えばよい借金であり、この条件を破れば悪い借金になる。借金は最初からよい借金と悪い借金とにわかれているわけではなく、**各人がこの借金を戦友にするか、悪友にするのかを決めるのだ。**借金をよい借金にするためには、次のいくつかの条件が必要だ。

第1に、**消費に使ってはならない。**単純な支出、旅行、債務の返済などに使うと、さらに悪い借金を呼び込むことになる。必ず追加利益や資本の拡大が見込まれる場所に使うべきだ。

第2に、**あなたに一定の収入があること。そして、今後この借金からも一定の収入が生まれるようにすべきだ。**いくらよい投資でも、一定の現金のフローがなければ、息が詰まって死んでしまう。借金することで逆に息の根が止められてしまうかもしれない。したがって、あなたに借金の利子を決まったとおりに返済する余力があるか、借金によって発生する利益で利子を支払うことができなくてはならない。

第3に、**投資が生み出すROE（自己資本利益率）が借入金の利子よりも高くならなければいけない。**投資利益が負債の利子よりも小さければ、当然この借金は悪い借金になる。例えば、年利3％の融資を受けて年利回り6％のビルを買ったなら、利払い後に3％の収益が残るから、これはよい借金だ。また、仮に会社が製品を作って30％の利益を残しているとき、5％の利子で融資を受けて工場を増設し、さらに25％の利益を上げられるなら、それもよい借金だ。つまり、安い利子で借りてより高い収益を生み出せるなら、この借金はよい借金だということだ。

言い換えると、あなたの財布からお金を持って行ってしまう借金は悪い借金であり、あなたにお金をもたらす借金はよい借金だ。自分がコントロールできない借金は悪い借金で、自分のコントロール下で働いてくれる借金はよい借金だ。

大企業はこのような負債を利用しなければ、成長できない。上場したり、投資を迎え入れたり、銀行から借金しながら規模を拡大するのだ。不動産投資もこれに似ている。「借金は絶対にしてはならない」という言葉は、負債の役割を理解していないから生まれる論理である。

ただ、この文章を「借金は悪いものではない」という意味で受け取ってもらっては困る。いまも借金が怖いものであることは間違いない。**刃物の扱い方を間違えると手を切ってしまうが、うまく使えばおいしい料理を作れるのと同じだ。**しかし、刃物が危険なことには変わりないから、慎重に扱う必要がある。私にも、刃物を使うべきときが来たようだ。

小さな秘密

39 世のなかの権威を常に疑え

私は専門家たちを信じない。弁護士や医者、会計士、投資専門家、銀行家など専門家の意見や提案に対しても、常に疑いを捨てない。政治家、有名作家、大企業経営者、芸能人の言葉を重視することもない。彼らがひいきにしているレストランだからといって、わざわざ訪ねたこともない。映画のロケ地だと自慢している町だからといって、そこがより美しく見えることもない。

私は意外に傲慢な人間だ。有名人が好きな食べ物が自分の口に合うかもわからないし、その人が泊まったホテルの部屋に泊まったからといって、自分の品格が上がるわけでもない。

有名人の存在やその社会的影響力が私個人に影響を及ぼすことはない。医師、弁護士、会計士、投資専門家、宗教家など、専門家の意見だからといって、**他の専門家が別の意見を持**

っている以上、すべてはひとつの意見にすぎない。いくら高級な専門用語で飾られていても、怖くはない。別に自分が彼らより優れていると思っているわけではないが、私が彼らより劣っているとも考えない。これは相対的な比較ではないからだ。

いかに偉大な政治家や有名な芸能人でも、ひと皮剥《む》けば一般人と同じだ。著名な学者でも、別の意見を持つ学者はおり、時給1000ドルの報酬をもらっている弁護士でも、その見解に反対する弁護士はいる。経験豊富な医師でも、意見を異にする医師はいるだろう。だから、私はどんな絶対的権威も認めない。

私は私だ。私は自分自身として存在する、独立した人格体だ。自分が自分を尊重すれば、自分のなかに自分を愛する自尊心が生まれる。この自尊心は、他人を尊重しながらも、いかなる権威に対しても、無条件でそれに屈服することはない。愛する両親にも、尊敬する先生にも、神父、牧師、お坊さんに対しても、私の自由意思を手渡すことはできない。神でさえ、それを奪うことはできない。私が神のために存在しているのではなく、私の幸福のために神が存在するからだ。

当然、投資において銀行員や証券マン、投資専門家、先輩、さらには世界最高のファンドマネージャー、銀行の頭取、政府高官も含め、**誰もあなたに取って代わって意思決定をすることはできない。**自ら判断し、学び、決定しなければならないのだ。投資の問題に関して、売買の時期や展望や銘柄について質問するのはアマチュアのやることであり、それに答えてしまう人もアマチュアだ。ベテランは聞かれても答えない。「わからない」だけが正解だが、アマチュアは「わからない」と答えるのが恥ずかしいので、適当に答えているだけだ。

投資も勉強であり経験だ。お金持ちになって資本を貯める技術は、やはり勉強と経験から学ぶものだ。そして、これをすべて自分ひとりでやり遂げねばならない。他人の意見を聞いて投資に成功した人は、他人の意見を聞いて失敗するほかないからだ。

自ら大物になり、胸を張ろう。

世界の権威を尊重はしても、あくまで疑う態度を忘れないようにしよう。自ら道を切り開いているうちに、障害物が消える日が来るはずだ。そのとき初めて、あなたは自分の足で立てるようになるのだ。

小さな秘密

40

よいお金が集まる7つの秘訣

1. 品のない癖をすべて直すこと

悪口や不平を言ったり、だらしない姿勢で座ったり、人をあざ笑ったり、だらしない身なりをしたり、約束に遅れたりといった振る舞いは、すべて品のないおこないだ。

2. 助けを求めるのを躊躇《ちゅうちょ》しないこと

困ったら誰かに聞き、お願いしよう。

問いに答えてくれ、喜んで助けてくれる人は必ずいる。

3. 犠牲を覚悟すること

小さな目標には小さな犠牲がともない、大きな目標には大きな犠牲がともなう。勉強するときは睡眠を削らねばならないし、お金を貯めるためにはより多く働かねばならない。

4. 記録、整理すること

投資の内訳や情報、ひらめいたアイデア、名刺、パスワード、購入履歴などを、すべて整理・記録しよう。これは**財産であり、あなたを守る武器だ。**

5. 長期目標を持つこと

山に登るには高い峰を見なければならない。目の前の刺激に惑わされず、一生守りつづける価値を探そう。

6. 誰にでも好かれようとしないこと

相手の顔色を見ず、非難されたら毅然《きぜん》と対応する。**群れることはやめよう。**真の友はふたりもいれば十分であり、家族に支持されるのがいちばん大切だ。ネガティブな人とは袂《たもと》を分かち、

自分より優れた人と付き合おう。

7. 時間は有限だと知ること

一刻も早く投資を始めよう。手間をかけずに増えるのは年齢だけだ。1歳でも若いうちに投資すれば、1歳でも若くしてお金持ちになれる。

小さな秘密

41

普通の会社員から億万長者になるためのふたつの道

多くの人が会社に勤める理由は、大きく**3つ**ある。

ひとつ、安定した生活により重きを置いており、ふたつ、起業することへの希望よりも恐れのほうが大きく、3つ、起業したくてもアイデアや資本がないからだ。

1. 役員あるいは社長に出世してお金持ちになる道

仕方なく会社に勤めているのなら、会社員として億万長者になる道は**役員や社長になる**ことだ。

しかし、役員や社長になろうとするとき、本人がただの会社員として行動するのであれば、可能性はほぼない。給料をもらって、指示を待ち、決められた時間に働く被雇用者ではなく、給料を払って、指示を出し、時間に関係なく働く雇用主のように働く必要があるからだ。つまり、自分をひとり企業だと考えればよい。すると上司や会社はあなたの顧客ということになる。言われたことだけをやる被雇用者と考えてはならない。

あなたは「あなた」というビジネスを経営する経営者だ。

例えば、あなたが企画部に所属しているなら、自分をその部署の社員ではなく、会社と企画サービスを契約したビジネスパートナーだと考えるのだ。あなたのサービスに満足すれば、会社は契約を更新しつづけるだろうし、経費が上がっても進んで払おうとするだろう。自分がひとり企業の経営者だと考えれば、常にサービス改善のために知恵を絞り、努力するはずだ。自分の働きで**顧客（会社）の収入が増えれば増えるほど、あなたの収入も増え、昇進できる**ことだろう。

雇用主の立場から見ると、ひとりの社員によって会社の収入が増えれば、一般社員の給与体系で給与を払うわけにはいかなくなる。退職して起業するのではないかと心配になるので、共同事業者として扱うことになる。それが無理なら、あなたを昇進させて利益を分配する必要がある。

会社の立場から見て、社員は3種類に分けられる。給料分の働きができない人、給料分だけ働く人、給料分より多くの利益を生み出す人だ。給料分だけ働けない社員は解雇したくなるだろうし、給料分だけ働く人は首がつながっても昇進は難しい。給料以上に稼いでくれる人は昇進させてパートナーとして受け入れる。

給料以上に稼ぐ人というのは、私の基準では少なくとも給料の3倍の利益を生み出す人だ。そのレベルの稼ぎがあってこそ、給料と会社の利益と剰余金を足した額に釣り合うからだ。ところが、会社には3倍の利益を上げていないのに昇進し、給与が上がる社員がいるものだ。仮に、能力は高いが忠誠心がない社員と、忠誠心は厚いが能力が足りない社員がいるとしたら、社長はどちらを昇進させるだろうか。

能力が少し足りなくても忠誠心の厚い社員を昇進させるだろう。忠誠心は絶対になくてはならないが、能力は選択的な要件だからだ。

理由は簡単だ。忠誠心がなくて能力が高い社員は、成果が上がるにつれて起業することを考えたり、協働することを求めたりするからだ。だから平均を多少上回る程度の成果と厚い忠誠心さえあれば、有力な役員候補になれるだろう。ここに加えて、ダメ押しともなるふたつの行動がともなえば、どの会社でも成功できる。

まずは、報告だ。

上司から指示されて業務を終えたら、終わったことが確認できるよう報告をする。「やったら終わり」というのでは、上司の立場から見るとやっていないのと同じだ。

この小さな行動が、上司に最も強い影響を与えるのだ。

部下を持つ人もこの問題でいちばん苦労していながら、いざ自分のことになると上司に報告しない。上司のほうもその都度確認するのは簡単ではないし、本人も忘れてしまう。

ところが、ある日、自分の指示した業務が、報告もないまま漏れていたとしたらどうなるだろう。一度でもそんなことがあったら、それだけで、仕事ができない部下の烙印《らくいん》を押されることだろう。これまで99%、期日を守って業務をおこなってきたのに、それが無意味になってしまうのだ。

一方、指示を実行し、その都度、特に上司も忘れていた業務を終えたことを報告すれば、その部下が信用に値すると上司の頭に刻まれる。

次に大事なのはあいさつだ。

「あいさつが万事」という言葉もある。上司を敬遠することなく、エレベーターのなかや食堂で会ったら、自分から近づいてあいさつしよう。これは幼稚園で習うことだ。丁寧にあいさつすることは、ふたりの人間のあいだに関係が生まれるということだ。関係と縁があってこそ、仕事も成就する。英語に「Pushing on a string(紐《ひも》を押す)」という言葉がある。紐のついたおもちゃの車を引っ張ると、車は近づいてくる。逆に、紐を押してもおもちゃの車は動かない。おもちゃの車は引っ張ったときにだけ反応するのだ。

上司も同じだ。

部下から引っ張られたときにだけ反応する。あいさつこそ、上司を引っ張る紐なのだ。上司はむやみに部下を引っ張ることはない。忠誠心があるかないか、まだわからないからだ。

このように、職場で成功する原理はとても簡単だ。自分のことのように真面目に働き、直ちに報告し、あいさつをしっかりすること。

特に小企業では、この程度のことを実行するだけで、
数年で役員になれる可能性もある。

経営者の目から見れば、こうした社員は宝石と同じだ。自然と心が引かれ、何かしてやりたい気持ちが湧き、「やっと後継者を見つけ出したぞ」という思いでかわいがってくれるだろう。

それくらい、こうした態度を示す社員は意外に少ないものだ。

役員や社長になれば、一般の会社員の10～20倍の給与所得を得て、会社によっては特別手当が支給され、ストックオプションや経営参加を通じた自社株購入も可能になる。

2. 投資でお金持ちになる道

会社員がお金持ちになるもうひとつの方法は**投資**だ。

給料の2割以上を貯金して種銭を作り、投資を続けるのだ。

サラリーマンが投資をせずにお金持ちになるには、お金持ちと結婚するか、宝くじに当たる以外に方法はない。

昇進を目指していないとか、昇進のチャンスがないと思うなら、投資について真剣に勉強するべきだ。投資をせずに退職金だけを期待して老後を迎えるつもりでは、悲惨な晩年を送ることになりかねない。この世に死ぬまで雇用が保障されている職場はない。

給与の2割は最初からなかったものと考え、20年以上しっかり貯めれば、ほとんどの人はお金持ちになって引退できる。

ただし、投資で成功するには、がんばって勉強しなくてはならない。それも仕事だと考えて、経済のことを勉強し、観察を続けよう。

投資を貯蓄だと思ってはいけない。投資は積立でも、保険でもない。物価上昇率や平均株価以上の利回りを確保する技術を習得すべきだ。あなたにこの技術がなければ、上司を尊重し、しっかり報告とあいさつをしよう。

もちろん、このふたつの道を両立させれば、**安定した会社員でありながら、必ず億万長者になれることを約束する。**

小さな秘密

42

お金の世界では、監督と選手のどちらが重要か

サッカーの試合で監督と選手が果たす役割のうち、どちらが重要なのかという議論がある。チーム競技という性格から考えると、監督の重要性については疑問の余地がない。チームメンバーは変わらないのに、監督が交代して優れた結果を残したケースは、２００２年日韓ワールドカップにおける韓国代表のヒディンク監督や、最近のベトナム代表のパク・ハンソ監督の活躍などがある。

よい選手が技量を発揮するためには、戦略と戦術を自由自在に駆使する監督が必要だ。選手の能力を発揮させるには、チーム内の役割を調整してやらねばならないが、これは監督の力量にかかっている。どの選手をいつゲームに出場させ、いつ交代し、どのポジションで使

うのかを決めるのは、監督の裁量だ。こうした監督の判断がチームの技量に影響を及ぼす。

資産投資も一種のチーム競技だ。

韓国では、投資というと資産配分（Asset Allocation、アセット・アロケーション）よりも株や不動産の売買にだけ関心を持つ傾向が強い。

どこに投資するかに関する情報は多いが、どのように資産を配分するかについては、あまり関心を持たれない。

いわばサッカーチームを作ったものの、監督がおらず、全メンバーがオフェンスに回り、ゴールキーパーまでが攻撃に参加してゴールががら空きになっているような状態だ。さらにはレギュラー、控えを問わず、チーム全員がフィールドに飛び出している有様だ。

元々資産は、その所有者がひとりであっても、それぞれ別のお金だ。同じチームに複数の選手がいるのと同じだ。お金が貯まる過程も違うし、なかには「元金」といって先輩風を吹かすようなお金もある。

外国出身の助っ人であるドルや人民元もある。

契約期間もさまざまで、1年以内に結婚式のために出ていくお金もあり、3年以内に家を買うためにほかのお金を誘惑するお金もある。一生を古株として家に居座りつづけ、引退後の生活と遺産のために使われるお金もある。

このように、お金ごとにさまざまな事情と目的と期間があるのだ。そのため、どこにどんなかたちで投資するのか、**資産配分を事前に決めておかねばならない。**その点を考えないのでは、監督のいないサッカーチームと同じだ。どのチームと対戦しようが、ひとりかふたりのプレーヤーの個人技を見て終わることになる。どんなに偉大な選手でも、ひとりで守ってパスしながら競技をリードすることはできない。当然、負けてしまうだろう。

資産配分とは、手持ちの資金をその使い道、リスク許容度（risk tolerance）、投資期間に従って配分して投資先を決めることだ。投資商品は政治的・社会的条件によってその収益率やリスクが変わるので、特定の資産に資金を集中させず、投資者の目的に沿った資産の組み合わせ＝ポートフォリオを作る必要がある。投資者ごとに年齢や収入も違い、資金の使い道や期待収益率も違うので、ポートフォリオも違ってくる。

資産配分の手順は、まず自分の財務状態を把握し、次に投資目的を明確にし、最後にリスク許容度を設定する。これらの変数を考慮してポートフォリオを作ろう。

企業のファンドマネージャーは、おそらく投資そのものよりも資産配分の方を重視しているだろう。**資産配分をうまくやれば、投資はむしろ簡単だからだ。**個別の投資銘柄の選定や売買の時期よりも、どの投資商品にどう資産を配分するかで収益のほとんどが決まる。

ところが、現実の投資の世界では、選手だけが見えて監督が目立たないので、**資産配分の重要性を忘れて、どの銘柄に投資するのかだけを考えるという失敗を犯すことになる。**いかに投資の天才でも、常に予測を的中させて売買をうまくおこなうことは不可能だ。だから配分することが資産を守る唯一の方法なのだ。

「お金の監督」としてゲームに勝つための采配《さいはい》とは

あなたが自分のポートフォリオを作るにあたって最初にすべきことは、投資する資金の種類を正確に把握することだ。あなたが監督なら、自分のチームの選手について把握するのと同じことだ。

選手は一人ひとり実力も違い、長所や短所も違う。お金もそれぞれ使い道が違い、忍耐力も違う。誰をオフェンスにして、何人をディフェンスに回すかを考える必要がある。

ゴールキーパーを除く10人を「4―3―3」にするか、「4―2―4」にするか、「3―5―2」にするか、相手チームによってプランを変更しなくてはならない。

株に100%注ぎ込むのではなく、債券や不動産、預金商品に分けて、それぞれの資産をどれほど長く持続させるかもあらかじめ検討し、各商品の期待収益率を設定する。

これすべてが資産配分だ。

投資においても、選手よりも監督のほうがずっと重要だ。極端に言うと、資産配分をうまくおこなうことが投資のすべてだ。実際、運用成績のいいファンドは、明確な配分基準を持っている。**資金運用で最も大切なのは、資金を失わないことだ。**しっかりした資産配分基準を持たなければ、いつかすべてを失う危険がある。いくらたくさん稼いでも、一度に全資産を失う可能性もあるのだ。

だから、投資商品に対する関心の何倍もの関心を、資産配分に注ぐことをお勧めする。

小さな秘密

43

銀行でもうまく駆け引きをする

「ビーフとチキン、どちらになさいますか？」

飛行機の食事でキャビンアテンダントにこう聞かれたからといって、選択肢がふたつしかないわけではない。

「両方ともください」と言うこともできる。

有名レストランで予約客しか受けないと言われても、急なキャンセルが出たときのウェイティングリストに入れてもらおう。

銀行で定期預金の利率が１・９％だと言われたら、２・０８％にしてくれと頼んでみよう。

どんなことでも、**選択肢を示されたときには、それが**

最終的な選択肢ではないケースがほとんどだ。

場合によっては「選択しないこと」も選択になる。

航空会社はチキンとビーフの人気度に応じて機内食を準備するが、片方が余る場合も多い。残ったらあとから持ってきてくれるだろう。

有名レストランも、予約をドタキャンされたり、やむを得ない事情で来られなかったりする客が一定の割合でいるはずだ。それでもレストランの格を上げるために予約ポリシーを守っている。だから、予約なしで来る客に対して大っぴらに席を提供することができないのだ。きちんとした身なりで丁重にキャンセル待ちを頼めば、たいていの場合は席を案内してくれるだろう。

預金利率1・9％は、その銀行の希望価格だ。

だから、隣のライバル行が同じ預金商品を2・07％で販売していることを知っていれば、2・08％にしてくれと頼んでみる価値はある。

銀行にはこうした例外的な内規があって、客を失いたくないマネージャーの裁量で適用することができる。

外貨両替の手数料でも、基本的なレートがあっても、こちらの希望の優待レートを提示できる。両替レートは銀行ごとに違うからだ。

優待レートが基本の90％だとしても、それに満足せず自分の希望を言ってみよう。同じ90％の優待があるとしても、両替手数料は銀行によって1・5％から1・9％まで差があるので、銀行によって違いが出る。

1ドル120円として1万ドル両替するケースを例に取ると、「1・5％の手数料に90％の優待レート」と「1・9％の手数料に70％の優待レート」の手数料の差額は5040円にもなる。

無理強いしろという意味ではない。

選択を求められたり、選択しなければならない状況が来たりしたときに、与えられた選択肢のなかからしか選択できないと考えないほうがいい、という意味だ。

無理強いはあなたを無礼な人と思わせ、むしろ事を台無しにしてしまうが、情報に基づく要請は、あなたにとって得になり、相手にとっても少なくとも損にはならない。

残った機内食はどうせ廃棄するものだし、レストランは食材を無駄にせず、品位を失うことなく追加収入を得られるし、銀行は顧客をひとりでも多く獲得できる。

だから、**世の中のすべてのことは**

駆け引きが可能だということを忘れるべきではない。

あなたの運命は、あなた自身の選択によって決まる。

他人が作った選択肢のなかからだけ選ばないといけないと思い込んでいると、自分の人生でなく他人が決めた人生を生きることになってしまう。当然、選択肢を増やすべきだし、あなたの利益になる選択をするためには、他の選択肢を求めるべきこともある。

また、**ときには選択をしないことが最良の選択にもなる**ことを頭に入れておこう。

小さな秘密

44

落ちるナイフをつかめる人になれるか

株式市場の暴落時に「落ちるナイフをつかむ」には、会社の株価ではなく価値を知っておく必要がある。

株価が下落して会社の価値を下回ったら、複数回に分けて分割買いに入るべきだ。それには投資原則を持っていなくてはならず、投資原則を持つことはその企業の内在価値を知っていてこそ可能となる。

投資の世界ではしばしば、「落ちるナイフをつかむな」とか「ナンピン買いは絶対にするな。損切りせよ」と言われるが、この教訓はテクニカル投資やモメンタム投資をする人のためのものだ。

バリュー投資を考えている人は、ナイフが落ちるときが買い時だ。ただ、実際にそんな状況になったら、落ちるナイフをつかむのはかなり怖いことだ。しかし、そのときにナイフをつかめない人は、さらに落ちたときにはなおさらつかむことはできず、結局は投資から脱落してしまうだろう。

だが、落ちるナイフをつかむときに、革手袋をはめていたらどうだろう。革手袋でナイフをつかめば、手が傷つくことはほぼ無い。ここで言う革手袋の片方は分割買いであり、もう片方は企業の内在価値についての確信だ。

株価の下落に恐怖しない投資者はいない。まったく怖くないと言う人がいるなら、それは自分のお金ではないか、嘘をついているか、サイコパスかのいずれかだ。**投資は市場との闘いではなく、自分との闘いだ。**それでも恐怖を抑える方法はある。分割買いをし、信用取引はせず、適正価値以下で株を購入したなら、あとはテレビの経済番組と株価チャートを見ないようにしよう。

市況予測で具体的な株価と時期を口にする専門家たちは、もっともらしいデータと論理を駆使して恐怖を煽る。彼らは同じ状況でも正反対に解釈し、朝と夜とでコロコロと気分を変える。彼らは占い師と同じだ。占い師はさまざまな予測を立てて、そのなかで当たったものだけで評価される。

韓国の第16代大統領選挙の当選者を盧武鉉《ノムヒョン》だと的中した占い師は、それを一生の宣伝材料とするが、第15代大統領選のときは李会昌《イフェチャン》、第17代のときは鄭東泳《チョンドンヨン》の当選を予測して外れた事実を、本人も忘れてしまっている。

経済番組を見ていると、自分たちの推薦した通りにAmazonやNetflixの株を買っていたら、いまごろは数千倍になっていたと専門家は言う。その一方で、月会費10ドルを払って自分のコミュニティに入れば、ピンポイントで有望銘柄を教えてやるとも宣伝している。思わず身を乗り出すかもしれないが、これは詐欺だ。彼らの推薦銘柄のうちで、上場廃止になったり値下がりしたりしたもののほうが多いからだ。

全財産を失って初めて気づいた「株価を予測する方法」

あなたが1万人の投資者にメールを送るとする。

このうち5000人には今日の株価が上がると告げ、残りの5000人には下がると告げる。

翌日、的中した予測を送った5000人のうち、半分には上昇の予測、もう半分には下落の予測を送る。これを繰り返して1週間に5回メールを送れば、少なくとも312人はあなたのことを株の神だと信じるはずだ。この312人は、あなたがどんな詐欺を働いてもついてくるだろう。

多くのエコノミストもこれと似たようなものだ。予測が年に1回でも当たれば、専門家を名乗っていられるのだから。

実に不思議ではないか。理論が精密であればあるほど、予測を間違えるとは。彼らの解説を聞いていると、分割買いと内在価値の革手袋はバラバラにされ、指や手首は落ちてきたナイフでバッサリ切られてしまう。

株式市況の番組を見て投資に成功できた人はひとりもいないと断言してもいい。

市況分析をする専門家たちが2、3カ月前に出演していた番組の録画を見れば、彼らがもっともらしい顔でデタラメな予測を口にしていたことがわかるだろう。

視聴者がテレビ局に電話して、特定の株が上がるか下がるかを質問し、それに答えるコーナーがあるが、これこそ株式市場の重要な価値をないがしろにする行為だ。証券番組はどれも株価を予測し、チャート分析をするだけだ。企業の価値を評価することはない。市場にも取引だけがあって、投資がない。だから株で失敗したという人で世はあふれかえっているのだ。せめて1局くらい、株の売買中心ではなく企業価値を中心に投資の解説をする投資専門チャンネルがあってもいい。

私は30歳のころ、当時アメリカで普及し始めたばかりのチャート分析のトレーニングを受け、初めて株式投資をやってみた。そして、このときの失敗で全財産を失い、それから二十数年にわたり株に手を出せなかった。未来は常に新しいものなのに、当時の私は過去から予測した未来しか見ていなかった。過去のデータを根拠に投資をおこなえば収益が出るはずだが、

「現在のデータは新しい過去だ」

ということを、当時は知らなかった。このことに気づいたのは、すでに全財産を失ったあとだった。

私がやっていたのは投資ではなく、投機であり賭博だった。 間違った投資を学んだせいで、数年かけて貯めた全財産を失い、借金まで背負い、その後の大切な二十数年間を投資もできずに浪費したのだった。

落ちるナイフをつかむ勇気を持ち、ナイフをつかんだときについた傷が治る日に、ナイフの柄をしっかり持って実った作物を刈り取るときが必ず来ることを学んだのは、50歳になってからだった。50歳からでも、知ることができたのは幸いだ。若い読者たちには、ぜひ私の失敗から学んでいただきたい。

小さな秘密

45

財務諸表は、企業の「商品レビュー」だと思え

バリュー投資とは、成長が望める企業の株式を適正価格で買い入れ、適正価格より値上がりしたら売ることだ。これは容易に理解できるだろう。

このとき、株の適正価格を調べるツールとして最も適切なのが、その企業の財務諸表だ。

だが、一般人が企業の財務諸表を理解するのは簡単ではない。用語からして難しく、見ただけではなかなか理解できない。

ならば、財務諸表を最もよく理解しているはずの会計士たちは、投資もうまいのだろうか。

投資には情報と心理の両方の側面がある。

情報面は、財務諸表を理解して解釈する能力だ。私たちはAmazonで20ドルのアイシャド

ウを買うときも、商品レビューの星の数が4個以上あるかどうかを確かめ、購入者がどんな不満を持っているのかをチェックする。

書店で1000円の本を1冊買うときも、事前に書評を読む。

ところが、株を買うときには商品レビューも書評も見ずに、根拠もわからない噂だけで、数百万～数千万円を注ぎ込むという非理性的な決定をしてしまう。

株を買うなら、株の商品レビューにあたる

財務諸表を読むべきだ。

また、財務諸表は一種の成績表でもある。

企業の成長性を確認するのに、財務諸表ほど適切なものはない。過去から現在まで、その企業がどれほどがんばったかがわかるからだ。

大学入試を控えた受験生の成績のようなもので、これまでに成績がよかったら、これからもいい成績をとりそうだと予測できる。

逆に、成績が悪ければ今後もあまり期待できない。つまり、過去の成績は合否を判断する重要な指標だ。もちろん、勉強がよくできる学生が卒業後にパッとしなかったり、逆にそれまでパッとしなかった学生がぐんと伸びたりもする。

しかし、投資は確率のゲームだ。

失敗をできるだけ減らすことが、成功の確率を高めることになる。つまり、リスクを減らすことが成功への近道なのだ。投資において冒険とは投機のことだ。利益が出ていなかったり赤字が予想されたりする会社をあぶりだし、リスクを減らすためにも、財務諸表を勉強し、理解することが絶対に必要だ。

自分で会社を経営していると、成長初期には利益よりも売上高が重要であり、その後は当期純益よりも営業利益のほうが重要であり、現金フローがよくないと黒字倒産する恐れもあるということがわかってくる。

財務諸表には、これらの情報がすべて入っている。当期純益は不動産の売却や他の投資によって増やすことができるが、営業利益の減少は本業の成績が振るわず資本を食い潰している状態だと解釈できる。

資本は多くても現金保有高ばかりが多くて事業投資が少なければ、これも経営状態を疑うべきだし、逆に成長が速く売上高が増加しているのに収益が伸びていないなら、急成長する可能性もある。こうした会社は市場でシェアを伸ばして利益構造を改善すれば、**市場を独**

占する強者になるからだ。 これらすべてのことが、財務諸表を理解して

読み込めば見えてくるのだ。

結論から言うとこうだ。

私は身近にいる専門家が、その職業的知識を彼ら自身のために使わないケースを多く見てきた。甲状腺の専門医が甲状腺疾患にかかったり、弁護士なのに詐欺に遭ったり、**会計士なのに世間の噂を信じて投資したりといった例はよくある。**

会計士が一般の投資者よりも投資で好成績を収めているという話は聞いたことがない。医者が一般人よりも健康だという調査もないし、弁護士に世渡りがうまい人が多いという保証もない。

しかし、自分たちが望みさえすれば、医者は最も健康になれるはずだし、弁護士は最も公正な待遇を受けられる。会計士だって、最も投資で成功できるはずだ。

なのに、一般人とあまり変わらないのは、投資に専門知識が必要ないからではなく、**投資のタイミングと心理については、会計帳簿を見ただけではわからないからだ。**

ピアノの調律師だからといって演奏がうまいわけではないように、会計士も帳簿によって会

社の品質検査をするだけで、事実を確認したからといって株の売買のタイミングが正確にわかるわけではない。

なんと幸いなことか。さもなければ、この世の富はすべて会計士のものになっていただろう。もちろん、品質検査の結果に他人より早くアクセスできるなら、投資でかなりの利益を上げることができるだろう。だから、上場会社の監査にあたる会計士は、その会社に投資できないよう法律で禁じられているのだ。

人生で「必ず一度やるべき勉強」とは

じつは、これは非常に簡単な問題だ。

あなたがある会社の株を持っているなら、自分がその会社の社長になったと考えてみよう。部下に頼んで今月の財務諸表を持ってきてもらう。自分の会社の状態を理解するには、財務諸表を読み込んで、状況を把握できなくてはならない。1日かけて、じっくり数字に目を通してほしい。そうやって自分が経営者になったつもりで財務諸表を見ていれば、その意味が解釈できるようになる。

すばらしいではないか。株主でも社長気分になれるのだ。

理解できないところがあれば、自分から勉強し、質問すればいい。こうした能力は、会計士だからといって特に優れているわけではない。英語の小説を読むためにアルファベットと単語をがむしゃらに暗記するように、会計も用語と仕組みを学ぶことで解釈できるようになる。

富を蓄えて投資者として成功したければ、

財務諸表の勉強は必須だ。

私は自分にとってある知識が必要だと思えば、関連の本を30冊ほど一挙に買うようにしている。例えば会計について学びたければ、漫画で学ぶ会計学のような入門書から大学の教科書に使われるような専門書まで買いそろえ、1カ月でも2カ月でも一定レベルの知識が身につくまで、じっくり読んでみるのだ。そうやって大学で専門科目を履修したように勉強に集中すると、ある程度の理解ができるレベルになる。

どうせ人生で一度くらいはやるべき勉強だ。書店の棚に並んでいるレベルもさまざまな会計学の本をすべて買い、関連の講演も聞いて回ろう。

小さな秘密

46

お金を稼ぐのは「自由な時間」を買うため

１ビットコインが１００ドルもしなかったころ、うちの子が遊び半分で買って１６０ドルで売ったと聞いた。

このとき私は、**それが何であれ早く利益になるようなものは、結局は利益にならない**と諭した。もしそんな投資で儲けても、そのお金でさらに同じように儲けようとして、ついには消えてしまうからだ。

「一攫千金《いっかくせんきん》を手にしたなら、そこでスパッとやめて、一生を遊んで暮らせばいい」と言う人もいるが、いったんそうやって稼ぐと、その後も同じやり方を繰り返し、ついには全財産を失うことになる。

思わぬ幸運は、事業家としても投資家としても麻薬と同じだ。

こんな麻薬を打てば、もう3％とか5％の利益など馬鹿馬鹿しくなり、10倍、20倍、１００倍という話にしか興味が持てず、テーマ株や仕手株ばかりを探し回るようになる。事業もそうだ。一発逆転の人生を狙い、ギャンブル性の高い事業やお宝沈没船ファンド、金鉱、製薬株などの雲をつかむような儲け話を追いつづけるのだ。このような幸運は、むしろ幸運ではない。だから、私はすぐに成果が出たり儲かったりするという話は、すべて遠ざけるようにしている。

次に、前にも述べたが、**生命を殺し生命を尊重しないすべての事業に対しては、投資したり参加したりしない**ことにしている。どの生命もすべての生命とつながっている。生命を粗末にし、自然を尊重しなければ、あなたも自然や他の生命から尊重されず、幸運や健康、他人からも見放されるだろう。

また、**投資をしないのは最悪の投資だ。**

資産は常に何かに投資をしておくべきだ。もちろん投資のために待機させておく資本も、投資のうちに入る。しかし、なんの計画も欲望も持たない資産は死んでしまう。

「自分はこれくらい日に当たれば大丈夫」などと言う木はない。周辺の木が育って太陽を遮ると、実がならず木も死んでしまうからだ。だから、常に投資は続けるようにしよう。

私がお金を稼ぐのは、

それで時間を買うためだ。

私は自分の資産を使って、自分の人生を自分に贈ったことになる。私が何をしようが、しまいが、すべて私の自由だ。すべての時間を自分のために使えるから、どんなことでも勉強し、必要なものは自由に買うことができる。そのお金と時間によって、情報を集め、最高の専門家を雇って意見を求める力が生まれる。

資本を蓄えれば、投資対象に関する情報の量と質も変わるので、もっとうまく資産を投資できるようになる。稼ぐことで時間を買い、その時間で学び、専門家の話を聞き、よりよい情報が得られるのだ。一度こうした好循環が生まれれば、それは長続きすることになる。

不動産を買うとき「絶対にやってはいけない」こと

私は不動産を買う場合、絶対に誰かの勧めで買うことはない。その物件にどんな好材料があっても、自分で計算した自分の価格帯になるまで待つ。自分が決めた価格は自分の資本力と賃貸利回りに基づいたものであり、相手の提示した価格は重要ではない。私が提示した価格に馬鹿にされたと思う売り手もいるが、**相手の言い値で買えば、私が馬鹿を見ることになる。**

「去る者は追わず」の精神で行こう。

株も自分の希望の値に近づいたら、指し値で買う。成り行きで買う必要はない。配当率を確認して適正価格を計算し、1カ月でも、2カ月でも、1年でも待とう。常に市場で利益を出す必要はない。

他人の利益を自分の損失だと考えないようにする。ほかの銘柄で利益を出してもいいからだ。希望の値にならなければ、買わなくていい。つれない恋人と同じで、「去る者は追わず」だ。

私は若いころ、しばしば競売場に行って、椅子や冷蔵庫、ブルドーザー、さらには馬も買ったことがある。

そのときも**自分の希望価格を決めておき、その価格を超えたら諦める**ようにしていた。200ドルで馬を買ったこともあるし、6万ドルのブルドーザーを

1万2000ドルで買ったこともある。これも「去る者は追わず」の精神だ。

私は幽霊や自然現象を怖いと思ったことがない。むしろ魅力を感じる。中学校に入学してすぐ、先輩からこんな怪談を聞かされた。トイレに入ると、「赤い紙が欲しいか、青い紙が欲しいか」と聞く幽霊が出るという。その話が気になって、土曜日の深夜24時に学校に忍び込み、探し回ったことがある。懐中電灯を手に、1組から10組の教室とトイレを全部開けてみたが、幽霊はいなかった。

また、あるときは暴風と竜巻が見たくて、追いかけて行こうかと真剣に考えたが、妻に止められて断念した。

いまでも活火山の噴火やアラスカの氷壁の崩壊を現場で見たくてたまらない。ひとりで山中でキャンプするのも怖くない。こんなふうに、私は想像上の恐怖や自然の恐怖が大好きなのだが、あまり怖さを感じないのが残念だ。むしろ、私にとっては株の暴落のほうが暴風よりも怖い。だが、**不景気や恐慌以上に怖いのが、欲とバブルだ。**だから、怖いものはそっとのぞいてみようと思うが、欲が近づいてきたら逃げるようにしている。

ここに投資の大原則をもう一度、記しておこう。

1. 早く儲けようとしないこと。
2. 生命を脅かすことに投資しないこと。
3. 投資を絶対にやめないこと。
4. 時間でお金を稼ぎ、そのお金で時間を買うこと。
5. 去る者を追わないこと。
6. リスクに投資し、価値に従い、欲張らないこと。
7. 株は**5**年、不動産は**10**年を目処《めど》とすること。
8. **1**位か**2**位を目指し、**3**位は捨てること。

市場はどんなに状況が悪化しても、5年も経てば好転する。政府が変わり、産業も変わるからだ。不動産はいったん買ったら売るものではない。売買するなら株のほうがいい。だから、不動産は10年は保有するつもりで買い、まだ一度も売ったことはない。振り返ってみると、やはり売らなくてよかったと思う。私は株でも不動産でも、一生売らなくていいものを探すようにしている。

どんな業種でも、**その業界でトップになった企業が**

価格決定権を持つ。

業界をリードする者の特権だ。だから私は、不動産でも株でもトップを探す。不動産を買うときは、その街で価格のいちばん高い地域を選び、株を買うときは業界トップの企業の株を買う。ペプシコよりもコカ・コーラを買い、マスターカードよりもビザカードを買う。ウエルズ・ファーゴよりもJPモルガン・チェースを買う。その一方、トップをうかがう2位にも注目する。ウォルマートを苦しめるコストコのような2位にも投資する。老いた獅子を追い落とす若い獅子になりうるからだ。

しかし、3位には手を出さない。

私の表彰台に3位は存在しないのだ。

小さな秘密

47

あなたの子どもをお金持ちにするには？

最近の小中高生に対する調査によれば、子どもの将来の夢の上位には、アイドル、ユーチューバー、ビルのオーナー、スポーツ選手などが登場する。ところが学年が上がるにつれ、教師、教授、公務員など安定した職業を希望する子が増えるという。つまり、安定した収入を得たいというのが夢になってしまっているのだ。もしあなたの子どもがあまり勉強好きではなく、言わなければ勉強しないようなら、いい職業がある。この職業は、頑固で、反抗的で、嫌なことには「ノー」と言える子に適している。すなわち、**起業家（Entrepreneur）**だ。

このような子どもたちに、その性格にぴったりな職業として起業家の存在を教えてあげよう。起業家になれば、多様な職業の人々を雇用して、いっしょに働ける立場に立てる。

子どもを起業家として育てるには、早いうちに証券会社のアカウントを作ってあげるといい。中学生ならいちばんいいが、大学生でも遅くはない。最初に小遣いの数カ月分程度の額を入金してやり、その70％を業界トップ企業のいわゆる優良株の購入にあてる。そして残りの30％は子どもに何を買うか選ばせるのだ。

子どもの好きなブランド、仲間内で人気のある製品やサービスなどを提供する企業があるはずだ。子どもと相談しながら、そうした銘柄を買う。この機会を通じて、子どもに証券、ブランド、企業価値、配当といった経済用語を教えてやる。

株価が変動したら、一緒に市況の分析もしてみよう。実際に株を買い自分の口座の変化を見ながら、その会社と経済について学ぶことと、ただ理論で経済を学ぶのとでは、天地の差がある。

このやり方に子どもが興味を示すなら、その子を事業の天才に育てることができるだろう。天才とは何も、音楽やスポーツ、勉強に限った話ではない。事業だって、うまく教えれば天才になれる。ほかの子どもがiPhoneの新機種が出るのを待っているときに、あなたが子どもとアップル社の配当政策と自社株買いの動向、新製品の売上予想について話し合えば、その子は政治・経済・社会のすべての裏面を見る目を持てるようになるのだ。

ゲームもお金を賭けてこそ面白くなるように、

子どもに証券口座を持たせてこそ、世の中が見える。

株式投資は単なる投資ではない。事業や国内外の経済について理解し、会社経営の仕組みが現場で見えるようにする道具だ。

学習塾や家庭教師にお金を使うなら、むしろそのお金を子どもが小さいうちから証券口座に入れておけば、子どもが大学に行くころには学費にすることもできるし、起業のための元手にできるほどのお金が貯まるだろう。

もし子どもが起業したくなれば、そのための勉強も自分からやるようになる。彼らはなぜ数学が必要で英語が必要なのかわからなかっただけだ。自ら大学教育が必要だと感じれば、勝手に勉強するようになる。企業人の講演に連れまわし、株主総会に参加して、博覧会や企業体への訪問を通じて経営者の夢を持てるように激励しよう。

若者たちはみな、クリエイティブなチャレンジ精神を持っている。にもかかわらず、自分の失敗に懲りた親たちは、子どもにはむしろ冒険しない人生を送るよう望んでいる。だから猛勉強して大企業に就職したり専門職に就いたりすることを勧めるのだ。若者の可能性は無限だ。

親は自分の子どもの可能性をあまりに過小評価している。若者が決心したとき、何ができるのか、その可能性を想像することもできないのだ。

親の諦めの気持ちを、

子どもに引き継ぐのはやめよう。

犯罪に関係しない限り、子どもが何をしてもかまわないと私は思っている。自分が好きなこと、やりたいことをやるのが人生だ。無限の可能性を持つ子どもを、たかが大企業の会社員に押し込めるようなことはしないほうがいい。

小さな秘密 47

あなたの子どもをお金持ちにするには？

かわいい子どもに「名刺」をプレゼントしよう

イスラエルでは国と社会と大学が率先して、若者の起業を積極的にサポートしている。イスラエルの若者たちの夢は、アメリカのナスダック市場への上場だ。すでにナスダックには多くのイスラエル企業が上場しており、上場企業の4割を占めている。

なぜ韓国の若者はナスダック上場を夢見ず、ビルのオーナーになるのを夢見ているのだろうか。これは親の過ちだ。イスラエル人はその特異なチャレンジ精神を「フツパー」精神と呼ぶ。フツパーとは、あつかましく猪突猛進《ちょとつもうしん》なチャレンジ精神を意味する。まさにあなたの子どものことではないだろうか。

形式や権威に縛られず、抵抗して口答えする子なら、

起業家になる資格がある。

どの家にも、あつかましく言うことを聞かない、生意気な子どもがひとりくらいいるはずだ。

私たちはこのような子にチャレンジと起業を勧め、失敗を恐れない文化を作れなかったから、有能でクリエイティブな子どもが、安定した公務員や教師を目指してしまうのだ。

あなたの子どもの次の誕生日には、

「起業家」の肩書が書かれた

カッコいい名刺をプレゼントしよう。

子どもが名刺を持てば、たちまち大人になる。社会の一員になるからだ。

銀行と証券会社のアカウントを作ってやり、背中を押してやるだけで、子どものチャレンジ精神を育てることができる。そうした親の指示があれば、自分のやりたいことをやり、挑戦と失敗を続けながらきっと成功できるだろう。

何度失敗しようが、一度でも成功すればいい。あなたの親が、もしこんなふうに子どもをサポートし声援を送ってくれる親だったら、あなたもいまごろは会社員ではなく、その会社の社長になっているのではないだろうか。

あなたが証券口座に入れてやったお金を、子どもが数百倍にして返してくれる日が、きっとくるはずだ。

しかし、これまで述べた方法にも唯一の問題点がある。それは、私の話を聞いても大半の親が実行しないことだ。なぜなら、**この方法を聞いてうなずく人は、すでに自分からそれを実践している**からだ。

小さな秘密

48

もし、いまごろサムスン電子の株を持っていたら

投資家たちは、しばしばこんな泣き言を言う。

「あの株を売らずに持っていたら、いまごろは大金持ちだ」。

あのとき持ち株が2倍にもなったので、これは儲かったと思って売ったものの、それからさらに上がりつづける株を見て、自分の売り値よりも高値で買うこともできず、諦めるしかなかったというわけだ。

例えば、サムスン電子の株は2020年1月、6万ウォン（6000円）に迫った。同社上場直後の1975年6月12日の修正株価56ウォン（5・6円）と比べると、**1063倍に上がったのだ。**

経済専門紙『イーデイリー』の情報サイト「マーケットポイント」の掲載記事によれば、

1978年に分譲開始されたソウルの銀馬《ウンマ》アパートの購入代金240万円でサムスン電子株を買っておけば、**いまごろは19億2973万円に膨れ上がった計算になる。**

これに配当の再投資分を含めば、**軽く20億を超えるだろう。**現在、銀馬アパートの相場は2億円余りなので、10倍ほどの差があるということだ。計算してみると惜しい話だ。

しかし、悔しがる必要はない。

1975年当時にサムスン電子の株を買っていまだに持っている人は、創業者である故・李《イ》健熙《ゴニ》会長の家族以外にはひとりもいないだろう。自分がその会社の主人だと思って株を持っている人はめったにいないからだ。

一般的な投資スタイルには短期投資と長期投資があるが、短期にも超短期投資があり、長期にも永遠に売らない超長期投資がある。

一方、バリュー投資は買ってすぐ急に値上がりして企業価値を超えたら、保有期間に関係なく売却すべき場合もある。

だから、株は必ずしも長く持てばいいというわけではない。しかし、**長期で保有する価値のある株を長く持っていることは、立派な投資だと言えるだろう。**

アンドレ・コストラニィ（ハンガリー生まれの大投機師）は波瀾万丈《はらんばんじょう》の生涯を送り、伝説的な長期投資家である**是川銀蔵**《これかわぎんぞう》（株の運用で1983年の長者番付1位にもなった日本の相場師）も数度の破産を経験し、**ピーター・リンチ**（Peter Lynch、金融人、米フィデリティ・マネジメント・アンド・リサーチ・カンパニーのファンドマネージャー、副会長）は、不名誉退社を余儀なくされる前に賢明にも自主的に退職した。

彼らは全員、長期投資家だが、つらい日々がなかったわけではない。

代表的な長期投資家でありバリュー投資家でもあるウォーレン・バフェットでさえも、2020年の新型コロナウイルス感染症による株式市場の崩壊で大きな損失を被った。6銘柄が50％以上も暴落し、バフェットの伝統的なバリュー株中心のポートフォリオが大打撃を受けたためだ。11歳から数えて80年に及ぶ彼の投資人生の最後に、一生の名声を汚してしまうところだった。

駆け引きナシでも「希望価格」で買える秘訣

私は駆け引きが得意ではない。

駆け引きが得意でない人間は、

駆け引きすべきではないと思っている。

だから車を買うときも、まず適正価格を調べ、セールス窓口の担当者に諸費用を含めた乗り出し価格（Drive out Price）を一発で提示するように言う。その際、その価格が気に入れば一銭も値切らず買うし、気に入らなければそのまま帰ると言い、追加交渉はしないと付け加える。たいていこのやり方で最も合理的な価格で車を買うことができたし、1時間以内に買った車に乗って帰ったこともある。

不動産の購入も、ほぼ同じやり方だ。

価格交渉が終わったのに、別の理由を持ちだして追加費用を要求されたら、その瞬間に取引は中止だ。

さらに交渉するより、その物件を捨てるほうを選ぶ。互いに顔色をうかがいながら駆け引きするのは、うまくもないし好きでもないからだ。

取引が下手な人にとっては、この方法がいちばんだ。だから株をいちいち売買するのも好きではない。いったん買ったらしばらく売らなくてもいいような会社を選ぶ。

もっと言えば、

一生売らないでいい会社がいちばんいい。

こんなお話がある。

昔、隣同士に暮らしていたふたりのうち、ひとりは田畑を売ってソウルのあの町この町と引っ越しを繰り返しながら、不動産の売買でかなりのお金を稼いだ。

その代わり、子どもたちは毎年のように転校しなくてはならなかった。最終的に貯めたお金で江南《カンナム》のマンションを買って入居し、それを最後に投資人生を終えた。

すると、昔住んでいた町の隣人が、故郷の土地が値上がりしてその町に10億円のビルを建てたという話を聞いた。リスはどんなに走り回っても、尻の重いクマには勝てないのだ。

事業でも人でも、品性が高く誠実な対象を見つけたら、

別れずに一生を共に過ごすほうがいい。

小さな秘密

49

マナーやエチケットは世界に通じる「共通言語」

韓国の中央大学で、事業家を対象としたグローバル経営者育成コースの教授を、2年間にわたり担当した。

集まったのは、世界に向けて事業を拡大したい経営者たちだ。

彼らをともなってロサンゼルスやニューヨークを視察し、1週間にわたってアメリカの企業や事業構造についての現場教育をおこなった。

ところが現地に連れて行ってみると、彼らは韓国屈指の企業の代表であるにもかかわらず、**国際標準のエチケットをまったく身につけていなかった。**

先進国の事業家なら備えているべき当然のマナーを、韓国の経営者たちが全然知らないのを見て、ふだんアメリカでビジネスをしている私は、面食らった。

しかし実は、彼らの恥ずべき行動は、韓国ではあまりにも自然に受け入れられている。非難されたり、冷たい目で見られたりするようなものではないのだ。

そこで私は、韓国ブランドのアメリカ進出に先立ち、経営者たちに国際的なビジネス上のエチケットを教える必要があると痛感した。

名前を聞けば誰でも知っているような大企業の経営者を幼稚園児だと思って教えることにしたのだ。


具体的な内容は次の通りだ。

・レストランに行ったら勝手に席に座らず、案内されるまで入口で待つ
・道を歩くときは人にぶつからないように気をつけ、触れたりぶつかったりしたら必ず謝る
・食事のときはこぼさないようにし、ガヤガヤと声を上げたり料理を分けあったりしない
・ホテルの廊下では大声を出さない

・公共の場で列に並ぶときは前の人に近寄りすぎない
・外で電話をするときは静かに話す
・人の家に行ったら勝手に冷蔵庫を開けない
・他社のオフィスを訪問したり会議に出席したりするときは、場をわきまえた服装をする
・会社訪問の際はスリッパをはかない
・レストランでは、たとえ韓国レストランでもチップを払う
・スーパーでは会計前に食品のパッケージを開けて食べない
・カメラを向けるときは相手の了解を求める
・黒人を見て驚いた顔をしない
・相手が聞き取れないだろうと思っても悪口を言ったり批評したりしない

いかがだろうか。

まさかこんな事まで……と思う人もいるかもしれない。だが、これはすべて事実であり、私のマナー教室はまだまだ続いた。

・複数人で歩くときは道の片側に寄る
・ホテルのロビーでは床に座らず、部屋のなかではスーツケースを開けっぱなしにしたり、ゴミを散らかしたりしない
・部屋を出るときは毎日、枕の上にチップを1〜2ドル置いておく
・髪をくしで整え、髭《ひげ》は中途半端に生やさず、剃《そ》るか伸ばすかする
・髭の剃り残しがないよう気をつける
・後ろ手を組んで歩かない
・音を立てて食べない
・外国人から韓国語で話しかけられたら、韓国語で答える
・相手の年齢を聞かない
・後ろの人のためにドアを支えておく。特に相手が女性の場合は必ずそうすること
・ウェイターの服の裾をつかまない
・ゲップをしない
・耳の穴をほじらない
・話すときは相手の目を見つめ、手で口を隠さない

・公共の場で化粧直しをしない
・太極旗〔韓国の国旗〕を配らない
・ホテルの部屋でキムチを食べない

これが彼らCEO向けの大学の授業の内容だった。

これでは教授の講義というより幼稚園の先生の小言というべきだろう。私たち韓国人は、まだ国際レベルの文化的エチケットが身についていないのだ。他国の人を馬鹿にしている場合ではない。

だから私は、受講生たちを連れて海外企業の見学や博覧会に行くときは、少なくともセミフォーマルの服装で空港に来るように言う。服装を正せば、行動も正されるからだ。

私たちは近場の海水浴場に行くわけでも、タイのパタヤに行くわけでもない。だから、行く前に右に挙げた数十個の小言を言うのだ。

知識のある大人で、多くの社員を従える会社の代表たちでも、その地位にふさわしい待遇を受けるには、国際標準のエチケットを学ばねばならない。

この簡単なエチケットが、

自分と自分の企業の品格を高めてくれる。

ソウルには100万人以上の外国人が住んでいるそうだが、私たちはまだ国際標準のエチケットを身につけていない。外国で事業を展開しようと思うなら、国際規格に合った行動様式を学ぶ必要がある。

「Manners Maketh Man（マナーが人を作る）」

これは映画『キングスマン』の主人公ハリーの有名なセリフだ。

コロンビア大学のビジネス・スクールで学位を取得したCEOを対象に、**「あなたの成功に最も影響を与えた要因は何か」**という調査をおこなった結果、

93%が「マナー」と答えた。

マナーは教育、習慣であり、相手を尊重して配慮する姿勢だ。国際的成功もマナーから始まるのだ。

小さな秘密

50

あなたの出口戦略は？

起業を目指したり現在事業をおこなったりしている人は、出口戦略（Exit Strategy）を考えておくべきだ。

確かな方針を持った出口戦略は、事業のスタート時点から計画しておかねばならない。事業をしていても出口戦略のことを考えたことのない人や、この言葉を初めて耳にする人もいるだろう。

私たちはいったん事業を始めると、それを一生続けるように思っているが、じつは一生続けられる事業はそう多くはない。事業環境は日ごとに変化し、自身の財政状態や能力などの不確定要素が多いからだ。ふつう、事業の出口戦略は3つに分けられる。この3つの戦略のうち、どれがいまの自分の事業にとって有用だろうか。

第1の出口戦略は「**売却**」だ。

事業がいまのところうまくいっていても、数年先には存続が難しそうだったり、ライバルが増えそうだったりするなら、売却を考えるべきだ。一般に、いまの事業や商売がうまくいっているのに売却を考える人はほとんどいないだろう。だが、その事業が10年後、さらに30年後にも存続できれば別だが、いま好調でも1年先は見えない事業もある。株が過熱したら売り逃げるべきなのと同じく、企業も売るタイミングを計るべきだ。

企業を最も高く売る方法は、当然ながらいちばん好調な時期に売ることだ。ところが、自分が作った企業には愛着が生まれるものだ。自分の名前や子どもの名前をブランドにつける人もいる。しかし、自分の名前をつけたブランドでも、いつでも売る覚悟は持つべきだ。「あなた」という人間は、あなたのブランドよりも尊いのだから。

売り時を逃すことは、すなわち失敗につながる。だから、自分の名前をむやみに企業やブランドにつけるのはやめたほうがいい。会社に自分を投影するのはやめよう。事業がうまくいっているときに買収のオファーを受けたものの、高く売ろうとするあまりタイミングを逃し、成長率が鈍ってしまうことがよくある。成長が頭打ちになると、価格は急激に下落する。もはや成長が見込めない企業を、高値で買おうとする人はいないからだ。さらなる成長への期待が、企業買収の最大の動機だからだ。フランチャイズ方式で店舗を100店以上に拡大した企業には、こうした失敗がよく見られる。100店舗以上にもなると、個人で買うことはできないので、買い主はファンドなどになるが、さらなる成長余力がなければファンドとしてはその企業を買収する意味がない。いまは利益を出していても、持続成長の可能性の有無を見るため、むしろ買収価格が低くなることもある。会社は会社であって、自分ではない。うまくいっているあいだに手放す準備をすべきだ。

第2の出口戦略は「**IPO**(**Initial Public Offering**、**新規株式公開**)」または「**M&A**(**企業の合併・買収**)」だ。この戦略が有用なのは、持続可能性が高い会社だ。会社が産業のなかにうまく定着し、今後も成長する可能性が高く、長期にわたり持続的な収益が見込めるケースだ。株式を公開する理由は大きくふたつある。ひとつは、企業が大きくなりすぎて一個人が買える規模ではないので、複数の個人に分散して売ろうとするものであり、もうひとつは、早く市場を掌握するために増資によって資本を調達することを目的とするものだ。前者は創業者が企業を売ろうとする意図があり、後者は会社を育てるためである。

第3の出口戦略は、「**出口戦略なき出口戦略**」だ。この戦略は、会社が強力なブランド力を持っていたり、特定の領域で市場を独占したりするなどして、次世代まで安定した経営が見込める場合に可能となる。すなわち、その会社を売ったお金で同じレベルの会社をもう一度作ったり買ったりできないなら、その会社を一生経営して収益を生み出すことを戦略とすべきだ。全国から集客ができる飲食店や、強力なブランド力を持つ製造業も、売らずに代々持っていてもいいだろう。こうした企業を持ち続けることこそ、最善の出口戦略でもありうる。第1の出口戦略しか持てない人にとって、この出口戦略なき出口戦略は夢と言っていい。

事業家なら、この3つの出口戦略のうち、自分の事業がどれに該当するのか、将来どうするのかをよく考え、準備すべきだ。

あらかじめ準備しておけば、それに合わせて事業の方針を綿密に立てておくことができ、投資の方向と限界を事前に計算することもできる。また、選択した戦略に従って設備や施設の改善・増設、不動産の購入等の大きな決定をすることが容易になり、資金を無駄にすることもなくなる。事業を始めるときに事業計画書があるように、事業から撤退する際も計画書が必要だということを覚えておこう。

小さな秘密

51

「不動産」と「金融」だけは、けっして油断してはいけない

どの事業であれ、企業が成長して大きな街に出ていくようになると、**ふたりの人が待ち受けているだろう。**

そのふたりはあなたの両側に立ち、肩を叩《たた》きながら親しげに近づいてくる。ひとりはスーツを着てネクタイを締めており、もうひとりはジャンパーを着て帽子をかぶっている。

このふたりはあなたと同業のライバル同士だ。

ふたりはこの地域のボスであり、あなたが事業を成長させるには彼らと良好な関係を結ぶ必要がある。

彼らはあなたの友人にも敵にもなる。敵に回せば事業を成長させるのは難しくなる。友人に

なっても、本当の友人かどうかはしばらく経たないとわからない。
スーツにネクタイの人は「**金融**」、ジャンパーに帽子の人は「**不動産**」のことだ。

生産の三大要素は土地、労働、資本であると、よく言われる。これは農業が重要視されていた時代の理論であり、**現代風に言えば不動産、企業、金融となる。**すべての事業は不動産を基盤にしている。何をするにしても、店舗やオフィス、工場が必要だからだ。

すべての不動産には一定の価値があり、この価値は精密に計算された価格で表される。価格を持つ物は利子や配当を生むが、不動産を使用する企業が支払う賃貸料は、配当や利益にあたる。

企業が賃貸料を支払えるのは、その企業が不動産を通じて利益を上げているからであり、企業がその気になれば不動産を買収したり開発したりする力があるという意味でもある。すると、企業と不動産の所有者とのあいだに緊張が生じる。不動産を借りて使用者になることもできるが、不動産を購入してその主人になることもできるからだ。つまり企業は不動産を購入して**事業と不動産を連結させれば、これまで以上の利益を持続的に得ることができるのだ。**

結局、事業がうまくいって、店舗の賃貸料を払う余力のある会社を所有しているということは、多くの不動産を所有する資格があるという意味だ。ここで金融会社の手を借りて融資を受ければ、事業と不動産の両方から収益を得ることができる。不動産は相対的に事業よりも安定性があるので、その収益に比べて高い価格で取引されるという特性がある。多くの会社が不動産を所有しているのはそのためだ。

「金融の人」は恐ろしいナイフを持っている

企業が市場を掌握して成長を維持するためには、株式を公開して投資を集めたり、買収や合併をしたりする必要がある。この過程に金融機関が関与する。投資の種類や方向性にともない、金融機関は会社の運営や株式の持分比率、利益配分の方法を決定し、それに従って会社は金融機関と協力することになる。

スタートアップ企業の場合、プレシード、シード、シリーズA、シリーズBという成長段階に応じた投資の過程で創業者の株式持分が減少し、投資の金額と性格によって金融機関が創業者以上の持分を要求したり、新株発行に関与するなどのかたちで経営参加するケースもある。外部からの投資を受けるというのは、信用が資産になったという意味だ。そうなると、創業者のがんばりだけで会社の命運が決まるわけではなくなる。金融機関とうまく付き合い、資本について理解しなくては存続が難しい段階に移行したことを意味する。

収入を得る方法は何通りかある。

賃金労働者や自営業者は自己の労働力を収入源とする。

また、事業家は他人の労働力と資本を収入源としている。

さらに金融機関と協力して、信用を通じて将来の利益を事前に現金化する方法がある。

このように、**事業を拡大するにつれて、金融と手をつなぐ必要が出てくる。**金融について知らないと、いかに素晴らしい企業を作っても、ヘミングウェイの『老人と海』に登場する老いた漁師サンチャゴのようになることもある。

メキシコ湾に漁に出たサンチャゴは、苦闘のあげく大きなカジキを釣り上げる。彼は獲物を舟にくくりつけ、市場で高値で売れることを期待しながら港へと向かう。ところが、血のにおいを嗅ぎつけたサメたちに襲われ、カジキは肉を食い尽くされて骨だけになってしまう。金融資本について無理解な経営者は、誰でもこのサンチャゴになる可能性があるのだ。

金融機関は鋭いナイフを持っている。

このナイフの刃先は常に方向が変わる。あなたの味方となって、ライバルを追い払ってくれることもあるが、状況の変化によってその刃先があなたに向けられることもある。サメたちがカジキを骨だけにしたように、あなたとあなたの会社を冷酷に解体してしまうかもしれない。しかし、もし不動産と金融を自分の味方につけることができれば、あなたは将来性と安定性を兼ね備えた会社を手にすることができるだろう。そして、こうやって成長した会社は、もはや自分から頭を下げなくても、不動産と金融を足元に従えることができるのだ。

しかし、まだ油断は禁物だ。不動産と金融は長年にわたり常に強者の立場で、強い者に弱く、弱い者に強いという性格を持っている。だから、あなたが油断した瞬間に、いつでも足元からナイフが飛んでくる恐れがある。**自分の事業に邁進《まいしん》するのと同じ情熱をもって、金融と不動産についても勉強すべきだ。**名のある経営者たちは、この両者を従えていまの地位を獲得したことを思い起こそう。

小さな秘密

52

賢い人ほど非合理的な罠《わな》にはまる

賢くて知的水準の高い人ほど、陰謀論にはまりやすい。

それは不確実性を嫌う傾向があるからだ。複雑な政治的要素や不可解な経済状況が出現すると、多くの人がこれを説明しようとする。だが、うまい説明ができないとき、わかりやすい答えとして陰謀論が登場する。宗教の原理主義者や極端な保守的・進歩的知識人も、簡単に陰謀論に乗ってしまう。

そして彼らを知的・学問的権威と仰ぐ多くの人たちによって、陰謀論は力を得、大衆に広まっていく。ＵＦＯ、占星術、血液型性格診断、代替医療などは、いまも識者たちから支持されている。『The Philosophy Files』の著者である**スティーブン・ロー**（Stephen Law）ロンドン大学教授は、社会に蔓延《まんえん》するこうした非合理的信念の罠を「**知的ブラックホール**」と呼んでいる。この非合理的な信念と主張は日常的な会話にまで満ちあふれ、社会的エリートでさえ陰謀論に惑わされてしまう。

彼らは周囲の理性的な批判に正面から向き合おうとせず、自分たちの信念のなかに閉じこもる。事実に基づく判断よりも、自分の主張に合う根拠だけを探し出し、しだいに自分たちだけの世界に入ってしまう。そして難解で複雑な専門用語を並べ立てたり、あいまいな言い回しを使って、何か深遠な真実を知っているように見せかけたりする。ヒトラーの登場や9・11アメリカ同時多発テロなどの重大な歴史的事件をすべて言い当てたとされる中世の預言者ノストラダムスの予言がいまだに生き残っているのも、こうしたあいまいさのおかげだ。事件に関する具体的な言及がなく、どうにでも解釈できるからだ。

また、人類の月面到達はフェイクであるという主張は、他の科学的事実を受け入れている人たちのあいだでも信じる者が多い。自分が正しいと信じると、それは一種の信仰になる。そうなると、論理や証拠はもはや必要ない。１９６０年代にアメリカの総力を結集させたアポロ計画には、75万人が直接・間接的に関わった。人類は月に行っていないとする陰謀論が事実だとすれば、これほど多くの人が参加した大型プロジェクトでありながら、どうやってこれほど重大な秘密が守られたのか説明ができない。この陰謀論が広まると、アメリカ航空宇宙局（NASA）は無人月探査機（LRO, Lunar Reconnaissance Orbiter）で月の上空24kmから撮影したアポロ11号の月面着陸跡の写真を公開した。しかし、陰謀論者たちはそれでも信じなかった。

地球平面協会（FEIC）という団体が、2020年に地球は平面であると信じる人たちを乗せて世界を航海するクルーズ旅行を計画中だと報道された。彼らは実際に船に乗って地球平面説を証明するのだという。あるリサーチ会社によれば、アメリカ人の2%が地球平面説を信じていることがわかったが、多くは**現代科学を身につけた若者たち**だったそうだ。さらにブラジルでは人口の7%にあたる1100万人が「地球は平面だ」と思っていることが調査でわかった。彼らにとって、地球平面説は遊びやユーモアではない。地球平面説を証明するために自作のロケットを発射する人までいる。

1990年代初め、「エイズを信じない人たち」という小さな団体が、エイズの原因はヒト免疫不全ウイルス（HIV）ではないとする主張を打ち出した。エイズはウイルスではなく、栄養失調や健康状態の悪化など、ほかに原因があるというわけだ。主張には明確な根拠もなかったが、南アフリカのタボ・ムベキ（Thabo Mbeki）大統領はこれに同調し、エイズ蔓延を防ぐための援助の申し出を拒否した。ムベキ大統領が態度を変えたのは、これによって30万人以上の人命が失われ、3万5000人の子どもたちがHIV陽性となったあとだった。

韓国にも、薬を使わないで子育てをしようとする人たちが集う「アンアキ」というインターネット・コミュニティーがある。会員数は一時、6万人にも達した。コミュニティーの設立者は漢方医で、予防接種に強い不信感を持ち、自然治癒を強調して、多くの子どもたちを死に追いやったことがある。ところが、このコミュニティーに集う親たちの教育水準は平均以上だった。とんでもない陰謀論を信じる人の多くが、教養のある人たちだという事実には驚くばかりだ。

株式市場にもこうした陰謀論がよく現れる。株価が暴落すると、空売り勢の陰謀だという声が上がり、市場破壊の犯人探しが始まる。「あなただけに教えてあげる」というのも、一種の陰謀だ。合理的な考えを持った人なら、**「そんな重大な秘密が自分にまで伝わるはずがない」**と考えるべきだ。

株価が急騰しても、どこかの勢力の陰謀だと考える。大株主と仕手勢力が手を結び、個人投資家たちを騙しているのだと確信する。非正常な状況を解釈するのに、これほど簡単な正解はないからだ。1ビットコインが30万ドルになるだとか、江南《カンナム》の不動産が半値以下まで暴落するだとかという噂は、陰謀と希望と予測がないまぜになったケースだ。誰かがこうした予測を論理的データで飾り立てれば、陰謀の臭いは消えて、科学的な色合いだけが残る。このような論理が事実かどうかは、それが簡単な言葉で説明可能かどうかを見れば簡単に見分けられる。

「常識」は、誇張、虚構、歪曲、詐欺を見分ける最も賢明な道具だ。

学のある人のほうが常識的だという根拠はどこにもない。常識と知識は別の能力だ。常識とは、人々の多様な考えや意見が交わる地点、知恵と知識と道徳が交差する場所のことだ。したがって、常識は歴史、法、慣習、信仰、論理、理性よりも上に立つ。それを身につけるには、特別な探求や勉強は必要ない。わざわざ努力しなくても、ほとんどの人が自然と習得する普遍的な知識や見識のことだ。だから、常識は簡単な言葉で表現できるのだ。

陰謀論に陥った瞬間、人は常識から外れてしまう。偏狭な思考と知的優越感が、常識を阻んでしまうのだ。特に有名大学を出て、よい職業と優れた実績を持つ人は、常識から逸脱しないように、いっそう自分自身を見つめるべきだ。

事業も人生も、常識から外れた瞬間に敗者へと転落し、よい友人が去り、貧しい変わり者として人生を終える確率が高くなるだろう。

小さな秘密

53 詐欺に遭わない方法

私は若いころ、何度か騙されたことがある。

当時の私は追い詰められていた。アメリカ移民の第一世代がそうであったように、家族全員が毎日16時間ずつ、週112時間働いていた時期だった。疲れきった家族たちはみんな神経質になり、口調もきつくなった。両親は老い、子どもは育っていくのに、希望は見えなかった。私は3ドルで買った古着のジーンズ姿で、エアコンの壊れたトラックに乗り、毎朝市場で売る果物の仕入れに走り回っていた。

そんなときだった。うまくすればネクタイをしてオフィスで働き、週末には家族と遊べる暮らしが手に入るかもしれない。そんな欲に、目がくらんでしまったのだ。

当時、三宝《サンボ》コンピューターが筆頭株主のイーマシーンズ社は、低価格パソコンを販売してアメリカ市場で旋風を巻き起こし、韓国企業で史上2番目にナスダックに上場して注目されていた。

その男は、私に同社の上場前の株1万ドル分を購入できる特権をくれた。当時の1万ドルは、私にとって大金だった。ところが、特に縁もない私にそんな特権をくれると聞いて、一歩引き下がる判断力が当時はなかったのだ。**まもなくイーマシーンズは上場廃止され、株も紙くずになった。**

ここで立ち止まるべきだったが、無知と欲がまた頭をもたげた。

このときその男は、リアルタイム株式チャート取引がアメリカで人気で、チャート分析で儲ける人が増えているから、こうした取引会社を作って手数料を稼ごうと提案してきた。魅力的なアイデアに、紙くずになった株を紹介した責任を問うこともできず、「これで青果の卸売りをやめてオフィスで働けるのだ」という興奮から、また彼の提案を受け入れてしまった。

利益が上がる保証もないのに、証券取引の会社を始めてしまったのだ。顧客たちが1日中、怒鳴りながら秒を争う超短期売買をしたが、結果はあまりにも無残だった。数カ月ももたず損失を出してみなが去り、私だけが残されて自分で取引を始めた。まるでカジノのディーラーが自分ひとりで賭博をしているようなものだった。

資本がどんどん減っていくと、その男は「こうなったら、一発当てて稼ごう」と言って、株式オプション取引を提案してきた。オプションの何たるかも知らない私は、何度も説明を受け、やっと商品について理解してオプション取引に手を出したが、結局は丁半博打《ばくち》にすぎなかった。ちょっと稼いではドカンと損を出し、手数料を払うという繰り返しで、**結局は全財産を失ってしまった。**

挫折と失望でへたり込んだ私に、その男は「外貨取引なら数百ドルあれば投資できる」と再起をうながしてきた。すでにどん底にあった私には、抵抗する力もなかった。

外貨の先物取引はレバレッジが大きく、元本まで飛んでしまうこともあるという事実を知らなかった。結局、どん底どころか地下室まで落ちてしまったのだ。移民生活10年、3650日の努力は、借金を背負って終わった。

ひとりの男がこんなぐあいに何度も提案をしてきたのだ。すべてが終わってからも、私は彼の提案は善意からだったと考えていた。これで彼が利益を得たわけではないと思っていたからだ。その男が自分で検証もしていない方法を、私のお金を使って実験し、そのために専門用語と私の切迫した状況を利用したのだと悟ったのは、それから数年後のことだった。

当時のイーマシーンズの上場は、典型的な株式公開による出口戦略であり、リアルタイム株式チャート取引は実験的なモデルであり、オプションは大型ファンド投資家のヘッジモデルであり、外貨は国際的な専門家の分野であるということを知ったのである。結局、私の無知と欲が、この詐欺事件の決定的な原因だったのだ。

幸い、私はそれ以来、詐欺に遭ったことはない。欲を出さず、知らない分野に手を出さなければ、詐欺に遭うこともない。**うまい儲け話からは退き、自分が熟知している分野の範囲内で投資をすれば、詐欺の危険から逃れることができる。**

私の元にはさまざまな提案がひっきりなしに舞い込んでくる。断ると馬鹿扱いされることもある。こんなよい投資をなぜ断るのか、理解できないと言うのだ。しかし、私が断るのは、なぜそんなに儲かるのか、その事業モデルの仕組みが理解できないからだ。自分が理解できる事業モデルでなければ、トラブルが起きた場合に手に負えなくなる。また、予想される利益が大きければ、それだけリスクも大きいという意味でもある。

一瞬で騙される事故のような詐欺は、思ったほど多くはない。誰かに騙された経験のある人なら、自分の経験からわかるだろう。もし理解できないようなら、また詐欺に巻き込まれるかもしれないので、よくよく気をつけてもらいたい。

小さな秘密

54

投資の勝ち組になれるかどうかは、「11の質問」でわかる

まずは、次の質問に対して「イエス」か「ノー」で答えてみてほしい。

1. 投資とトレーディングの違いがわからない
2. 売りと買いの基準がない
3. お金持ちだと思われたい
4. 5年は寝かせておけるだけの資金がない
5. 安定した収入がない

6. 負けず嫌いだ
7. お金持ちになって人と違う暮らしがしたい
8. 早くお金を稼ぎたい
9. 複利についてよくわからない
10. 今月のクレジットカード決済額を翌月に繰り越した
11. 人の言うことを鵜呑みにするほうだ

もしこれらの質問に対して「イエス」が5個以上あれば、絶対にいま投資を始めてはならない。これでは投資どころか、貯金もできない状況だろう。それぞれについて、あらためて触れていこう。

1. 投資とトレーディングの違いがわからない

投資は「**協業**」であり、「**経営参加**」でもある。投資という言葉は、企業価値に対して資金を投じるという意味だ。一方、トレーディングは**単純な売買**にすぎない。農家からリンゴを仕入れて卸売市場で売るのを、投資とは言わない。これは安く買って高く売る、ただの取引だ。株の売買を通じて利食いをしたり、不動産の権利書をやりとりして値上がり益を得たりする行為は、投資とは言えない。まずは、自分が投資家なのか、トレーダーなのかを区別することが先決だ。これが区別できないと、多額の授業料を払うことになるかもしれない。

2. 売りと買いの基準がない

売りと買いについて、自分の基準を持つべきだ。

人が決めた基準ではなく、あなた自身の基準が必要だ。株式市場で最も馬鹿らしい質問は、他人に売り買いのタイミングを聞くことだ。これは自分の基準がないからだ。基準がないというのは、なぜ投資をするのか、自分が納得できる答えがないという意味だ。こうした人は、タイミングよく買えたとしても、決してお金を稼ぐことはできない。売らない限り利益は実現していないからだ。

3. お金持ちだと思われたい

自分をお金持ちに見せたくて高級車を買ったり、ブランドものの高級バッグを買ったりしている人は、投資をする資格がない。お金持ちに見せたくてお金を使うのではなく、お金持ちになったらお金を使おう。お金持ちになるまでは、全財産を資産形成のために注ぎ込まねばならない。お金は品位あるところに集まるが、品位と贅沢は違う。自分の財産に比べて過度に品位を保とうとするのは贅沢だ。

4. **5年は寝かせておけるだけの資金がない**

投資は少なくとも5年は待たないと、価値を生み出さない。「少なくとも」という言葉に注目してほしい。寝かせておけないお金を投資に回すと、その焦りで機会をつぶしてしまうことになる。5年間は寝かせておけるお金だけを投資し、その余裕がないなら、**余裕資金ができるまで投資してはならない。**

5. **安定した収入がない**

時間は人間よりも賢明だ。安定した収入がない人は結局、投資資金に手をつけることになる。安定収入はすでに投資に回した資金を守る援軍だ。一定の収入から一定の金額を投資に回して活用しよう。

6. **負けず嫌いだ**

負けず嫌いな人は、株の小さな値動きにも一喜一憂しがちだ。儲かればあちこちで自慢して食事をおごるので、利益が飛んでしまう。損をしたらがっかりして何もやる気がなくなる。投資で成功するには、冷静沈着であることが大切だ。勝っても負けても、おおらかな気分でいよう。投資はスポーツとは違って、長い目で見なくてはならない。

7. お金持ちになって人と違う暮らしがしたい

電車やバスを使わず、屋台の料理を食べず、街の商店街で買い物をしない人は、マーケットを理解できない。高級車を乗り回し、シェフがあいさつに来るようなレストランに通い、デパートの食料品売り場でシャインマスカットとアップルマンゴーばかり買って食べている人は、投資で成功できない。**富裕層と大衆の両方の世界に通じているべきだ。**いくらお金持ちになっても、常に大衆と触れ合うようにしよう。

8. 早くお金を稼ぎたい

早く稼いだお金は早く手元から消える。早くお金を稼ごうとして、リスクの高い投資で一攫千金を狙うと、仮にうまくいっても、その稼ぎは水に浸けた綿菓子のように消えてしまう。

お金はその持ち主が欲張りだと知ると、自分から去って行くものだ。

急いで稼いで早くお金持ちになろうとする人は、なかなかお金持ちになれないし、ついにお金持ちになれない確率がずっと高い。

9. 複利についてよくわからない

複利の何たるかを理解できていない人は、文字の読み方を知らずに大学に入ったのと同じだ。文字を学んでから出直したほうがいい。

10. 今月のクレジットカード決済額を翌月に繰り越した

クレジットカードの決済額を翌月以降に繰り越して、その利子を払っている人や、5000円のTシャツを6カ月の分割払いで買うような人は、絶対に投資をしてはいけない。そういう人は利子の概念もなく、収入を管理する能力もなく、消費する資格もない。クレジットカードを切り捨てて、デビットカードを使うようにしよう。数カ月は不便な思いをするかもしれないが、投資に対する姿勢が変わるはずだ。クレジットカードを使うのは、非常に問題のある経済行為である。

11. 人の言うことを鵜呑みにするほうだ

人の言うことを鵜呑みにするのは、いい性格のように見られるかもしれない。だが、当人だけが被害を被るならまだしも、家族につらい思いをさせ、近しい者にも損害を与えるのが問題だ。

他人の言葉を鵜呑みにする人は、たいてい家族の話を聞かない。利害関係のない純粋な忠告をしてくれるのは家族だけだ。

にもかかわらず、人の話を鵜呑みにする人のなかにはタクシー運転手のアドバイスを聞いて投資をする人までいる。主体性がないと、すべて他人の言いなりになり、責任は自分が負う羽目になる。そんな人は、精神的に自立ができ、**どんなことでも疑って合理的に判断できる力がつくまで、動かないほうがいい。**あなたの妻や夫が許可するまで、投資は待つべきだ。

小さな秘密

55

投資の世界でも「頭寒足熱《ずかんそくねつ》」「腹八分目《はらはちぶんめ》」に従え

「頭寒足熱」とは、頭を涼しくし、足を温めるということ。

「腹八分目」とは、腹いっぱい食べずに、少しもの足りないくらいがちょうどいいという意味だ。

これは私の投資哲学でもあるし、昔からお坊さんや韓方医たちのあいだに伝わる生活規範だ。

腹八分目とは、空腹が八分程度まで満たされたらそれ以上食べないでおくべきだという教訓だ。この教えに従えば、体の循環がよくなり、大きな病気をすることもないし、過食からくる病気を予防し、健康に生きられるという。野生動物は特に意識的に運動や健康管理をしなくても健康を保っている。人間も頭寒足熱と腹八分目を守りさえすれば、体に無理をかけずに生きられる。

小さな秘密

55 投資の世界でも「頭寒足熱」「腹八分目」に従え

10年以上前、江戸時代の観相家で優れた投資家でもあった水野南北《みずのなんぼく》の本を読み、腹八分目の教訓を学んで以来、その教えをずっと守っている。私はこの教訓を、ただ健康のためだけでなく、**稼ぎ、貯め、守り、使う、すべての過程に活用している。**

稼ぐためには、まめに現場に足を運んで汗をかき、調べ、学ばねばならない。使うときには冷静かつ理性的に判断してから支出する。投資するときはガツガツと欲を出さず、腹八分目で満足する。それが豊かな暮らしを長く続ける秘訣だ。あまり欲張らないことが、最も確実に利益を得る方法だ。まさに腹八分目の原理である。投資においては、買うタイミングと同じほど、売るタイミングが難しい。絶好のタイミングで買えたとしても、売りで失敗したら元金まで失いかねない。売りが難しいのは欲をかくからだ。

逆に欲を抑えることさえできれば、正しく売ることができる。100分の1秒単位の電子時計を、ぴったり0時で止めようとすると、わずかに過ぎてしまうことが多い。投資の場合、最高値を少しでも超えると0になってしまうこともあるので、**結局のところ投資は80%が最高点だと言える。**食事でも株でも、腹八分目の教訓を守ったほうがいい。

小さな秘密

56

富の属性とは何か

一生懸命生きていれば誰でもお金持ちになれるなら、この世は誰もがその分公平にお金持ちになっているはずだ。私の両親はじつに一生懸命生きていたが、悠々自適《ゆうゆうじてき》の老後は送れなかった。一生懸命生きれば食うには困らないかもしれないが、**本当にお金持ちになるには、**

一生懸命生きるだけでは足りない。

その理由は、方向性が間違っているからだ。一生懸命生きる人は、勤勉に働けばすべて解決されると思っている。だから仕事の量を増やしてお金持ちになろうとするが、仕事と貯蓄によってお金持ちになるには限界がある。

そうした人たちは、資産自身に働かせる方法を知らず、投資や市場の動きにも気が回らない。

仕事が多くて、忙しすぎるからだ。お金の貯め方も、お金の増やし方も知らず、値上がりする資産に投資できないため、せいぜいマイホームを一軒買ったところで人生が終わってしまう。せっせと働いたことが、むしろ仇《あだ》になってしまうのだ。

お金持ちになるには**収入を増やすことより、支出をどう管理するか**が重要なのだ。最良の収入は定期的に入ってくるお金であり、最悪の支出は定期的に出ていくお金だ。**自動引き落としで毎月出ていくお金は、いかに少額でも減らすべきだ。**「月1万円」といったうたい文句に騙されてはならない。その1万円が36個並んでいることがよくあるからだ。月々1万円の3年払いで36万円が出ていくだけだ。

小さな秘密 56

質の悪いお金は持ち主を傷つける。

お金持ちになったからといって、幸せになるわけでもない。

守るものが増えると、不安や心配事も多くなる。財産のなかに不正な収入や人から奪ったお金が入っていたら、家庭は乱れる。脱税で得たお金は凶器となり、あぶく銭は自慢しているうちに消える運命にある。

常に質のよいお金を稼ぎ、自分は節制しながら、目下の者にも寛大であるべきだ。また、清掃員さん、運転手さん、飲食店の従業員さん、コンビニのアルバイトさんといったエッセンシャルワーカーに対しても、常に感謝の気持ちを持とう。自分が裕福になればなるほど、これまでの歳月と社会に対して感謝の念を持つべきだ。小金持ちには本人の努力でなれるが、富豪を作るのは社会構造と幸運だからだ。

お金は道具だ。

道具に傷つけられないためには、お金を愛し、お金の使い方を学ばねばならない。本当にお金を愛していれば、それをぞんざいに扱ったり、過度な愛情で縛りつけたりせず、常によい場所に送り出すようになる。愛されなかったお金は永遠にあなたから去り、愛されたお金はまた主人の懐に戻ってくる。だから、出ていくお金は友人のように喜んで送り出し、戻ってきたお金は我が子のように歓迎しよう。

お金が目的になった瞬間、すべての価値基準がお金に変わり、お金があなたの主人になってしまう。結局、人間がお金の奴隷になって、お金のために働くようになるのだ。

第4章

君を自由にする仕事は何か

75の小さな秘密

57-75

小さな秘密 57

「金のスプーン」に「土のスプーン」が勝つには

歴史について私たちが大きく誤解していることがある。歴史は強者のストーリーで満ち溢《あふ》れているようだが、じつは弱者のストーリーであるという点だ。正確に言うと、弱者が強者に勝った記録だ。

人間が感動し、喜びを感じるのは、弱者が強者になっていく過程である。

歴史とは、弱者が勝者になったあとで、その過程を記録したものだ。

人間は弱者に自己を投影して、弱者が強者を倒すのを見ることで満足を得るのだ。実際、歴史を学んでみると、弱者が強者を打ち破ったケースが多数ある。劉備《りゅうび》と孫権《そんけん》の連合軍が数十万ともされる曹操《そうそう》の大軍を火攻めで制圧した三国志の赤壁《せきへき》の戦いや、李舜臣《イスンシン》が指揮する朝鮮水軍13隻が300隻以上の日本水軍を迎え撃《う》った鳴梁《ミョンニャン》海戦は、すべて弱者が強者に勝った事例だ。

ボストン大学の**アイヴァン・アレグィン＝トフト**（Ivan Arreguin-Toft）教授は、19世紀以降に大国と小国間で行われた200件あまりの戦争を分析した結果を発表した。それによると、小国が勝利を収めたケースが28%にもなった。戦争の約3分の1が小国の勝利に終わっているのだ。特に1950〜1999年になると、小国の勝率が50%を超えている。ゲリラ戦などの変則的な戦術が発展したためだ。

世界最強のアメリカもベトナム戦争で敗北を喫したが、**経済の世界でも同様に、弱者が強者に勝つストーリーは非常に多い。**それがすべてだと言っても過言ではないほどだ。有名企業はいずれも弱者だった。ウォルマート、マイクロソフト、アップル、スターバックス、Amazon、グーグル、テスラなどの巨大企業も、ほんの10〜20年前までは弱者だった。

韓国最大の財閥であるサムスンも、大邱《テグ》の乾麺屋が始まりだった。麺のパッケージに三星を描いた「星印麺」が発展してサムスン（三星）財閥になったのだ。

現代《ヒョンデ》自動車は元々、ソウルで「京一《キョンイル》商会」という屋号で米穀商を始めた青年が設立した会社だ。

また、ＬＧグループは晋州《チンジュ》で呉服商をしていた具《ク》氏と姻戚である許《ホ》氏が、自ら大釜に原料を注いで火を入れ、国内初の化粧品「トンドンクリーム（ラッキークリーム）」を製造したことに始まる。

私たちは強者になった姿だけを見ているため、彼らが以前は弱者であり、当時の強者に打ち勝っていまの立場に登り詰めたことを想像できないのだ。これらの企業はどれも、既存マーケットを掌握する強者の戦略からの差別化を図り、トップを下していまの立場に登り詰めたのである。


強者には強者ゆえの弱点がある。勝負にならないような弱者との戦いにおいて、圧倒的な強者がしばしば敗北を喫するのは、この弱点ゆえだ。強者は規模の大きさのせいで、環境の変化になかなか気づかない。また、気づいても適応するのが遅い。そのため、弱者が戦略を変え、スピードと行動力で挑戦すれば、成功する確率は高まる。

弱者が弱者のままでいるとするなら、その最大の理由は、強者に勝てると思わないからだ。気持ちですでに負けているため、チャレンジしようという気にもならないからだ。

どうすれば「庶民階級」が富裕層を打ち倒せるか

ヤマアラシはライオンを恐れない。負けると思わないからだ。ハイエナもライオンが狩った獲物を奪って暮らしている。あまりにしつこいので、さすがのライオンもエサを差し出してしまう。

発想を変えれば、**強者こそ弱者のエサ**だと言える。強者には見えないところや足りない部分を見つけ出して改善し、**挑戦することは、弱者のほうがずっとうまくできる**のだから、強者を恐れる必要はまったくない。私も起業したころ、すでに存在した大きなライバル会社を恐れたことはない。彼らの市場を奪うアイデアがたくさんあったし、小さな組織なのですばやく動くことができたからだ。たった1店舗から始まった我が社が３０００店舗を持つ会社と闘えたのは、自分たちを小さいとは思わず、その３０００店舗を自分たちの市場だと考えたからだ。

２０１８年10月16日、カナダのトロントで世界各国から集まったいくつかの会社と合併に関する会議を開いたときのことだ。

合併案が最終合意に達したとき、参加者のひとりが私に近づき、ライバル会社に関するニュースについて教えてくれた。我が社のせいで15年近くも成長が止まっていたその大企業が、ついに身売りすることになったというのだ。

合併によって私が世界11カ国に3000以上の店舗と9000人以上の従業員を持つグローバル外食グループの大株主になった日、業界の伝説的存在だったライバル会社のオーナーは、出口戦略によって経営者の座を降りたのだった。

彼は最後まですばらしい経営者だった。

我が社のせいで相当に苦労し、大変だったにもかかわらず、不正や反道徳的な行為に一度も手を出すことなく、堂々と競争してきた。そんな立派な経営者も、歴史のなかに消えた。

我が社が弱者だったころ、私は恐れを知らなかった。だが、いつか名も知らぬ小さな会社がユニークなアイデアと情熱で立ち向かってくる日が来るだろう。

攻めていればいい時代は終わった。

強者になると、攻撃と防御を同時に迫られる。相手が弱者だからと油断した瞬間、その餌食にされるだろう。警戒すべきは弱者なのだ。

小さな秘密 57

「金のスプーン」に「土のスプーン」が勝つには

韓国では「**金のスプーン**」と「**土のスプーン**」という例えがある。

金のスプーンをくわえて生まれてきた人々とは、すなわち富裕層のことだ。

他方、土のスプーンをくわえて生まれてきた人々とは、庶民階級を指す。

一見すると金のスプーンに憧れを抱きそうだが、生まれの差で永遠に強者と弱者が分かれるわけではない。土のスプーンは金のスプーンを恐れる必要はないのだ。

金のスプーンが持っている長所は、逆に短所にもなる。体の大きなゾウやキリンは、一旦座るとなかなか立ち上がれない。一方キツネはサッと起きて飛び回ることができる。時代の変化を察知してすばやく動けるのは、弱者だけの長所だ。どんなに強い男でも、すばやく上着を脱ぎ捨て目をむいて飛びかかってくる者には勝てない。

見方を変えれば、弱者は強者の餌食ではなく、強者こそ弱者の餌食だ。

つまり、**強者とは金や力があるから強者なのではない。**

強くなろうと決心した人が強者なのだ。

歴史は常にこうして流れていくのだ。

小さな秘密

58

あなたの仕事の「PER」はいくつだろう？

株価収益率（PER：Price Earnings Ratio）とは、株価を1株当たり純利益（EPS：Earnings Per Share）で割ったものだ。PERは株式市場において企業の価値を測る重要な指標である。1株が収益の何倍にあたるかを表すものであり、「ある会社の総額が、その会社の収益の何年分にあたるのか」と言い換えることもできる。つまり、**企業の株価が市場からどう評価されているか**を表す指標なのだ。

たとえば、ある企業の株価が5000円として、1株当たり純利益が500円とすると、その企業のPERは10倍となる。株価と10年分の企業の利益が等しくなるからだ。PERが高いと「1株当たりの利益よりも株価が高い」という意味であり、逆にPERが低いと「1株当たりの利益よりも株価が安い」ことを意味する。

会社のＰＥＲが高いというのは、会社の価値が市場で高く評価されているという意味であり、今後の成長が期待でき、事業の持続可能性が高いため、それを先取りして高値で取引されているということだ。逆にＰＥＲが低ければ、その会社は事業性が低く、まだ市場で認められていないと解釈できる。このようなＰＥＲの概念を、まだ上場していない自分の事業に当てはめてみると、興味深い結果が出てきた。

3人の人がいて、各人の年収が**1000万円**だと仮定しよう。ひとりは町の市場で食堂を経営しており、ひとりは人気の学習塾の塾長をしている。最後のひとりは音楽の版権収入で生活している。3人の年収は同じだが、何を収入源とするかによって、目に見えない資産に違いが出てくる。

食堂の主人は店を売却すると年収の**3倍**ほどの権利金を受け取ることができる。歴史があり、景気に影響を受けない有名店なら、**5年分**くらいになるかもしれない。

音楽の版権を持つ人は、その版権を売れば年収の**10年分**を受け取れる。食堂の主人より権利金が高いのは、版権を持っていればほとんど仕事をしないでも長期にわたり収入が得られるからだ。つまり、ＰＥＲが高いということだ。

ところが塾長のＰＥＲは０《ゼロ》だ。

なぜなら、学習塾は塾長がやめたら運営できないからだ。

経営者がいなくなったら収入がなくなるような会社を買う人はいない。このように、収入の発生源が安定していればＰＥＲは上がり、安定性がなければＰＥＲはゼロになる。

医者、弁護士、人気講師、芸能人、トレーナー、スポーツ選手、ユーチューバー、音楽家、タレント、作家など、**みなのあこがれの的になるような職業の多くは、ＰＥＲが低いか、ほぼ０だ。**

逆に、ＰＥＲが高い職業は、自分でお金を稼ぐのではなく、人を雇ってお金を稼ぐ経営者だ。特定の人がいなくなっても存続可能な組織を作れば、高いＰＥＲが期待できる。

同じ飲食店でも店によりＰＥＲは違う。

純利益が等しい２軒のレストランがあるとすると、人気シェフに依存する店よりも、決まったレシピにのっとって誰もが作れるメニューのある店のほうがＰＥＲが高い。オーナーが働かなくても店舗を維持できる店なら、ＰＥＲはさらに上がるだろう。つまり、**経営者の関与度が低い状態でどれほど長く事業を続けられるか**で、ＰＥＲは変わるのだ。

世の中にはじつに多くの事業や職業があるが、自分のＰＥＲがどれくらいなのか一度も考えたことのない事業者が多い。講演でPERについて話すと、特に専門職や塾の先生はショックを受ける。ほかの職業より高収入だからと安心していたのに、現実の数字を見て驚いてしまうのだ。

自分のPERを上げなければ、どんなに稼いでいても、仕事をやめたとたんに収入がゼロになるので、将来が心配になるのだ。生活レベルも高い月収に合わせているので、少し収入が減っただけで不安になるが、貯金もできていない場合がほとんどだ。

PERが低い人たちの特徴は、一般よりも個人的能力が高く、高収入であるところだ。特に有名なスポーツ選手や芸能人はケタ違いの収入を得ているが、これはごく短い期間に限られる。だから、一生分の収入を数年で一気に稼いでいるのだと考えるべきだ。スター扱いされている現在の収入が、そのまま一生続くなどと考えてはならない。だから、超スター級の芸能人は不動産を買って賃貸収入を得ようとし、それよりランクの低い芸能人は飲食店の経営などの事業をしているのだ。

あなたの職業や事業のPERが低ければ、いまからでもPERを高める努力をすべきだ。年収1000万円の塾長なら、そのすべてを自分の収入と考えてはならない。1000万円からいくらかをどこかに投資し、そこから生まれるお金が自分の本当の収入だと考えよう。

たとえば数年間貯金してマンションの一室を購入し、そこから月5万円の賃貸収入が得られれば、その5万円こそが本当の収入であり、自分のPERとなる。このように質が高い収入が月100万円ほど得られる状況になってこそ、安心していまのレベルの消費生活を送れるのだ。月5万円しか稼げない人が、100万円稼ぐ人の生活をしてはならない。

自分の労働によらない定期収入こそが、あなたの本当の収入だからだ。

個人の経済活動においては、資本から生まれたお金だけが自分のものだ。高収入なのにPERの低い職業や事業をしている人は、生活レベルを変えなくてはならない。そして積極的な投資によって、資本に利益を生ませよう。

この道理を理解できないなら、あなたの老後は心許《こころもと》ない。どれほど年収が高くても、最後はいっしょだ。現在の収入に油断せず、高いPERを得られる経済活動を試みるべきだ。

小さな秘密

59

大金持ちほど運に対して謙虚である

ある場でこんな質問を受けた。

「高麗時代に編まれたとされる箴言《しんげん》集の『明心宝鑑』に〝大富由天、小富由勤〟という言葉があります。大金持ちは天から生まれ、小金持ちは勤勉から生まれる、ということです。これをどうお考えになりますか？」

私はこの考えに同意すると答えたが、少しつけ加えたいことがある。

もしこの質問のなかに「**ならば、大金持ちになれる人は運命で決まっているのか**」という意味が含まれているなら、

私の答えは「ノー」だ。

決まっているから『明心宝鑑』の言葉に同意するのではなく、決まっていないから同意するのだ。

小金持ちは勤勉から生まれるというのは、明らかに正しい。そこからは運次第だ。

私は何度も失敗したあと、一度の成功でいまの場所にたどり着いた。自分なりにさまざまな経験をし、先生と呼ばれる仕事をしながら、これまで数千人の事業家に事業の道を教えてきた。こんな私がもしまた失敗したら、無一文の状態からまたいまの場所まで這《は》い上がれるだろうか。

それはありえない。勤勉と事業のセンスだけで小金持ちになることはできても、それ以上の自信はない。一度事業に成功した人が他の事業で再び成功できる可能性は、最初の事業に成功する可能性と比べてそう高くはない。

もし天命を受けた人だけが大金持ちになるのなら、適当に生きていてもまた大金持ちになれるという話だ。逆に言えば、大金持ちになれるかどうかはそもそも天の意思にかかっているので、天命を受けて生まれた人でなければ、どれだけ努力しても大金持ちになれないことになる。

こうした絶対的運命論を信じる人たちは、財閥の運命を占ったり、改名してみたり、迷信を鵜呑みにしたりする。改名が意味を持つのは、名を改めるほどの新たな気持ちになって生まれ変わろうとする決心をする場合だけだ。名前に込められた意味が別の人生を与えてくれるわけではない。

改名で人生が変わるなら、世の中は似たような名前であふれているだろう。

大金持ちになる運命が特にあるわけではなく、お金持ちになる状況があるだけだ。懸命に努力し、勤勉に働くことは、お金持ちになるための要素にすぎない。**大金持ちになるのは、ほとんど偶然の結果なのだ。**

私が事業で成功できたのも、運のおかげだ。事業を始めて手を広げた時期に、私がたまたまその街にいたからだ。だから、これは実力ではなく運のおかげだ。もしこれが実力だとしたら、私はいつ、どの街にいても、再び成功できる大変な偉人ということになる。しかし、私はそんな人間ではない。私がほかの人より優れているところは、ただひとつ。**これが運のおかげだと知っていることだ。**だから私は、与えられた富に感謝し、謙虚であらねばならないと、いつも考えているのである。

小さな秘密 60

起業を夢見る者は、まず中小企業からはじめよ

資本やアイデアがなくても起業する方法はある。

お金持ちになるには、起業こそ最も簡単な方法であると同時に、最も難しい方法だ。起業は誰にでもできるが、成功の確率は低い。起業した会社のうち、5年以上生き残れるのはその3分の1にすぎない。

そんな起業の失敗を減らし、**資本を蓄えながら経営教育を受けられる場所が、**

すなわち中小企業である。

大企業は規模が大きく、社員は1個の部品のように限られた業務だけを扱うことになる。もしあなたが絶対に起業しようと決心した若者なら、将来やりたい職種の中小企業に入社しよう。

社員が数人で、肩書はあっても担当業務の区別がないような小さな会社もいいだろう。会社が成長すればそれにともないさまざまな仕事を学べるし、失敗したら社長が破産するだけだ。

あなたの関心分野がＩＴであれ、流通であれ、製造であれ、小さな会社に入ればすべてやることになる。給料をもらいながら事業を学べるわけだ。しかも小さな会社なので、仕事の流れを頭から最後まで見て勉強できる。自分の会社のつもりで一生懸命に働けば、若くして昇進できる。会社がうまく成長できて管理職になれれば、大企業より好待遇を受けられるかもしれないし、仕事へのやりがいも十分味わえる。高給と充実した福利厚生を望むなら大企業に入ったほうがいいが、代わりに一生を会社員として過ごさねばならない。

わずか数年で「起業」ができる近道とは

ここで、**一文無しの若者でも数年以内に、自分のカフェを開店できる秘訣を紹介しよう。**まず、近所のカフェのうち、繁盛している店を訪れる。忙しい店なら、常にアルバイトや従業員を求人しているはずだ。雇ってもらい仕事を覚えたら、主人以上に猛烈に働こう。オーナーになったつもりで、言われなくても自分から仕事を探して、進んでやるのだ。お客があなたを目当てに来店するくらい、仕事に愛着を持とう。そして、店長の座をつかみ取る。次はオーナーを追い出す番だ。店長になって売上を増やし、アルバイトの管理をして、オーナーが店にいなくてもいい状況を作る。

すると、オーナーは次のどちらかの行動を取るはずだ。

毎日、遊びに出かけるか、新しい店舗のオープンを企画するかだ。

そうなると、**あなたはオーナーと同等の決定権を持つことになる。**

あなたがやめることを、オーナーは恐れるようになるだろう。あなたがいなければゴルフに行けなくなるし、2号店を任せる人がいなくなるからだ。

脅せと言っているわけではない。うまくすれば、店をひとつ、分割払いで買い取れるかもしれないという意味だ。あなたの情熱と能力を担保に、オーナーと同業者になるチャンスが生まれたわけだ。

このように、給料をもらいながら仕事と事業を学べるし、自分がその仕事に向いていると思えば、いつでも起業が可能になる。それまでの貯金と経験も、起業の後押しをしてくれることだろう。

私は、生まれ変わっても起業するだろう。いまの事業で今後もし失敗したとしても起業するつもりだ。
また、息子たちが起業すると言ってくれたら、これほどうれしいことはない。起業して成功することだけが、土のスプーンの立場からのし上がるいちばんの近道であり、唯一の方法だからだ。

一国一城の主人となって、自分に好きなだけ給料を与えよう。

自分の人生を犠牲にしてまで大企業に入って認められるより、自分で自分を認めてやり、自分だけの人生を送ろう。

小さな秘密 61

今の自分から脱皮するための100日間

自分のどこかを変えたいときや、どうしても実現したいことがあるとき、**私はとりあえず100日は続けることにしている。**

100日やれたなら、それは変えられるということであり、必死に努力したという意味だ。自分の望みを毎日100回ずつ書き、それを100日間続ければ、その切実さを自分の胸に刻むこともできるだろう。

儒学の経典『中庸《ちゅうよう》』に、「**能久**」という語句が出てくる。この「久」とは持続（duration）という意味で、具体的には3カ月のことだ。なんでも3カ月だけコツコツやれば、本質が変わるという孔子の教えだ。3カ月、100日にわたり継続することの重要性が古くから伝えられてきたことを、金容沃《キムヨンオク》（韓神《ハンシン》大学校教授）の話から知った。

一方、「**工夫**《コンブ》（韓国語で勉強のこと）」は中国語で「コンフー（gong-fu）」と発音し、英語では「to study」と訳されるが、じつは身体の鍛錬を指す言葉だ。私は、能久と工夫を持つ人、つまり、3カ月にわたり自己の身体を鍛え続けられる人は、なんでも変えられると信じている。人生で最も重要なことのひとつは、実践の継続だからだ。

自己を変え、改善したい人は、3カ月でも続けることを勧める。

ダイエットに成功したければ、夕方5時以降は食べ物を口にしないことを決意し、3カ月続けてみよう。

タバコをやめたければ3カ月我慢し、胸の筋肉を鍛えたければ3カ月だけ腕立て伏せをしよう。

株を学びたければ、3カ月株に関する数百本の動画をユーチューブで片っ端から視聴し、関連書籍を読破しよう。何事も専門家レベルになりたければ、

3カ月間死ぬ気で掘り下げてみよう。

3カ月という期間は、心身と思考を変化させるのに必要十分な時間だ。生き方を改善するには、このような具体的な努力を一定期間続けるのがいちばんいい。

3カ月続ければ習慣になる。健康の伝道師と呼ばれるヘルス・トレーナーのアーノルド・ホンは、すでに数年前から「100日間の約束」を合い言葉に人々の健康習慣を変える仕事をしている。100日間だけ運動を教えて励ましてやれば、彼らの人生が変わるという信念からだ。

具体的な行動を何もしない人は、来月には、あるいは来年には、自分の人生も変わるかもしれない、という希望は捨てるべきだ。稼いで投資するのにも、努力と学びが必要だ。真剣に生きない限り、あなたの人生も定まらない。

適当に生きていて、たまたま訪れた幸運は、幸運とは言えない。むしろ不幸だ。自分で作り出したものではない幸運を手にすると、いつか必ず誰かが取り返しにくる。

だから、なんであれ一生懸命に続けてみよう。大変でも100日だけ続けてみよう。100日が難しければ、3カ月だけやってみよう。

能久と工夫、なんとも心を惹《ひ》かれるではないか。

小さな秘密

62

ビジネスの種は半径1メートル以内にある

起業してビジネスを起こしたいけれど、いざとなるとどんな事業をしていいかわからない、という人がいる。ちなみに、私は手帳に事業のアイデアをメモしているが、そのネタは数十個にもなる。その多くはあまり資本が必要ないものだ。**ふだん自分で不便を感じたり、日常生活のなかで改善すべきだと思ったりするものは、すべて事業のネタになる。**

だから、何をしていいかわからないというのは事実ではない。

この世に必要な事業は出尽くしているように思うかもしれないが、私の考えは逆だ。まだ足りないもののほうがずっと多い。もしすべてあったとして、それがどうしたというのか。既存の事業家がうまくやれていない部分があれば、それも事業のネタになるし、ほかの事業家が失敗した事業も、立派な事業のネタになるかもしれない。私がメモした新規事業のアイデアも、こういったものたちだ。それをつまびらかにするのは、私がどうやって新事業のネタを探すのか示すためだ。

以前、後輩たちといっしょに日本に行ったとき、太平洋が見える銚子の町を訪れた。朝、海辺を散歩していると、あちこちに流木が流れ着いているのが目についた。私は木でテーブルを作る趣味があるので、海水に洗われて味の出た流木を持ち帰りたくなった。おそらく、どこか遠い国で台風にへし折られた木が、はるか太平洋を渡ってこの海辺にたどり着いたのだろう。

才能のある職人なら、このような木を使って素敵な家具を作ることだろう。家具のブランド名は**「君はどこから来たの?」**にしよう。異国の海辺で育った木が家具になるというストーリーを、名前に込めてみた。

海辺で流木を拾っていると、そんなストーリーと、再生や環境保護といった現代産業倫理にもマッチした家具会社のアイデアが浮かんだ。

最近は男性でも化粧をする人がいるから、男性用化粧品の専門店もいけそうだ。女性ばかりの店で商品を購入するのは恥ずかしいという男性も多いし、男性用化粧品の種類もかなり増えたからだ。こうしたアイデアを自分で実現させたいとも思うが、それよりもただ癖のように考えていることのほうが多い。日ごろから隙間産業のアイデアを思いついたり、不便に感じたことをメモしたりしておき、実際に実現させることもある。

何気ない思いつきから「韓国ナンバー1」の生花店は誕生した

そのうちのひとつがフラワーショップだ。

アメリカでは、特別な日でなくても日常的に花をよく買う。スーパーマーケットの目立つ場所は花のコーナーになっている。

プレゼント用ではないので包装もされておらず、買い物ついでに1輪とか1束をカートに入れていく。

一方、韓国ではあまり生花店が目立たない。地下道の隅に「全国配達します」という貼り紙を出し、花束を注文すると店員が冷蔵庫の奥から生花を引っ張り出してくる。店舗のあちこちには、売れ残りのしおれた花々が古い鉢の上に無造作に置かれている。そして花を1輪、2輪、あるいは1束買おうとすると、「いくら分で作りますか」と聞かれる。

私はホテルに宿泊するときも、しばしば花を買って部屋に飾っておくが、**韓国では花を1輪だけ買おうとすると、とても面倒だった。**調べてみると、韓国の生花市場は冠婚葬祭用が中心だった。花の消費の約8割が冠婚葬祭用であり、個人消費は2割にもならない。さらに私のように、ふと思い立って花を買う顧客は1・5％にもならないのだ。8割が個人客であるアメリカとは対照的だ。

そういうわけで、私は韓国にフラワーショップをオープンすることにした。本当に韓国人は花を買わないのか、あるいは流通市場のあり方の問題なのか。出店にあたっては、あらゆる観点において消費者の立場からアプローチすることにした。

たとえば、消費者が花に触ってみたければ触れるようにし、冷蔵庫をショーケース形式にして値札をつけた。

また小売店としては初めて、aTセンター（韓国農水産食品流通公社）から競売権を取得し、消費者が手を出しやすい価格設定にした。約2年経った現在、わが「スノーフォックス・フラワー」はソウル市内にすでに12店舗をオープンできた。自分たちこそが花だと思っている10代を除き、老若男女を問わず、あらゆる人がコンビニのように気軽に入店して花を買ってくれる。

これにより、韓国人は花が嫌いなのではなく、韓国の流通市場が間違っていたことがわかった。

従来の生花店は、花を特別なプレゼントだと考えていたから、私のようにただ花を買いたい人が花を買う場所がなかっただけだ。

現在、スノーフォックス・フラワーの総売上は、生花の小売店としては**韓国で第1位になった。**いずれソウル市内だけで300店以上をオープンできるだろう。ひょっとしたら上場も夢ではないかもしれない。

ふとした疑問から始まった挑戦が、

有望な事業へと成長したわけだ。

どんな事業をしたらいいかわからないという人は、実現可能な事業のアイデアを見る目が足りないのだ。事業の種類は数限りない。もしそれでも見つからなければ、**「国際」と名のつくすべての展示会に足を向けてみよう。**そこに行けば、出展料の安い片隅のブースに、創業間もない外国企業の社長がひとりで座っているはずだ。韓国での販売権を買うなり、アイデアを改良してやれば、それが新しい事業になる。やれることは無限にあるので、意欲のある起業家たちは目を大きく見開いてほしい。

小さな秘密 63

あなたを自由にする唯一の職業、それは社長

大企業で働くのが夢だという若者がいるが、私には信じられないことだ。

彼らが入社試験のために死にものぐるいで勉強している姿を見ると、身を切られるようにつらい。大企業で最も成功した人は役員だ。彼らはサラリーマンの星と言える。

しかし調査によると、**その役員の星を手にする確率は0・7％だ。**1000人中7人だけが役員になれる計算だ。入社して部長に昇進するまでに平均18年、役員になるまでは平均22年もかかる。

大卒の新入社員1000人のうち、部長まで出世するのが24人。部長への昇進率が2・4％ということは、残りの97・6％が部長になれないまま解雇されるということであり、その年齢は40代半ばだという。さらに役員昇進の比率は年々下がっている。

以前、韓国総領事館がヒューストン地域の韓国系企業の代表たちを招待した。その大半が韓国の石油会社の子会社の社長で、韓国本社から派遣された役員たちだった。驚いたのは、彼らは数千億円のプロジェクトについて事もなげに話題にする一方、個人的な話になると、韓国に戻って退職したらどう生活するのか心配していたことだ。結局、役員になってもサラリーマンにすぎないのだ。海外で任期を終えたあと、韓国に自分のイスがあるのか、退職したら車のローンと子どもの学費はどうするのか、心配だらけなのだ。数千億円の仕事をしていても、それは自分のお金ではなかった。

大企業を目指す若者たちは、こうした事実をまったく知らないのだろう。事実を知っていれば、0・7%の成功の確率に挑戦したあげく、50歳で退職して、さらに車のローンや学費の心配をするような人生にすべてを賭けることはないだろう。最高の教育を受けて最高の知性を備えた人たちが、寝る間を惜しんで勉強して、本当にこんな将来を望んでいるのだろうか。私には理解しがたいことだ。

大企業は、もはや夢の職場ではない。

夢を奪う職場だ。

本当に一生を自分の時間を売りながら生きていきたいのか。

いや、一生という言葉も間違っている。50歳を前に早期退職を迫られ、そのあとは誰も雇ってくれなくなる。

そこからさらに数十年も生きていかなければならないのに、50歳にもなって何を新しく始められるのだろう。これが本当にあなたの人生の目標なのか。

より高い確率で、誰もが社長になれる

なぜあなたは、自分が資本家や事業家、社長になろうと思わないのか。失敗が怖いのか。

企業で役員になる確率より、起業して成功する確率のほうが42倍も高い。

資金がないから？

だったら、この世のすべての起業家たちが資本を手にして生まれてきたのか、考えてみよう。

そもそも起業とは、元手なしに小さく始めるものだ。成功の確率が10％でも挑戦するのが起業家精神だ。9割は失敗するからと迷っているなら、0・7％の確率でサラリーマンの星にな

れるか、あるいは50歳で退職を迫られるかの二択になることを思い起こそう。

起業した1割しか成功できないのが事実だとしても、役員になれる確率はさらにその14分の1しかない。それでも、この勝ち目のない競争に飛び込みたいのか。

それより自分が自分の人生の主人公になり、**昨日までの自分と競争しながら生きるほうがよくないだろうか。**

あなたがいま会社勤めをしていようが、医師や弁護士をしていようが関係ない。機会があれば起業しよう。医師であれば、医師の資格を持つ経営者、弁護士であれば、弁護士の資格を持つ経営者を目指そう。

誰もが社長や事業家になれるし、資本家になれる。

大企業への就職を目標にして、一度きりの人生を売り渡さないでほしい。常に挑戦し、脱出を夢見よう。自分で自分を雇い、給与を払い、自分の時間を自分に返してやる夢を見よう。

事業家は、自分の人生に自分をプレゼントできる唯一の職業だ。一度きりの人生に、自分をプレゼントできる道はこれしかない。ぜひ希望を持って失敗の恐怖に打ち勝とう。

小さな秘密

64

お金によって性格は違う

お金は、それがどう作られたかによって性格も違ってくる。お金ごとに特徴があるのだ。頑固なお金もあれば、肝の据わったお金もあり、だらしないお金もある。家でじっとしているのが好きなお金もあるし、いったん外に出ると永久に帰ってこないお金もある。同じ親から生まれた子どもでも、それぞれ性格や特徴が違うのと同じだ。

汗水流して稼いだお金、株の投資で得た収入、カジノで手にしたお金、貯蓄から生まれた利子。これらは額面が同じ100万円であっても、決して同じお金ではない。絶対に手元を離れないのに使い道のないお金もあれば、すぐに消えてしまうお金もあり、ほかのお金を呼び込むお金もあれば、ほかのお金を連れて出て行ってしまうお金もある。お金はその生まれ方によって、性格や特徴が出るからだ。

だから、**お金を稼ぐときは、**

できれば質のよいお金を稼ぐべきだ。

質のよいお金とは、当然ながら、正当な方法でしっかり貯めたお金のことだ。給与収入、合理的投資、正当な事業によって得られる収入だ。自分の頭脳と労働で稼いだお金は、人生の唯一無二の資産である時間と引き換えたものなので、誇らしく愛着があり、どんなお金よりも大切だ。こうしたお金は、適当に浪費することはできないので、それが貯まって資産になる。

さらに資産を投資や貯蓄に回して利子が生まれれば、まるで子どもより孫のほうをかわいがるように、大事に扱うようになる。

一方、こうした大切なお金に比べると、カジノで当てたようなお金は次の勝負でほかのお金まで連れて出て行ってしまうし、詐欺で得たお金は贅沢と放蕩《ほうとう》にまみれた生活に使われ、人生を誤った方向に導く。

投機に近い投資をしたり、急いでお金持ちになりたくて高レバレッジ商品に手を出したりすれば、運よく儲けたとしても、誰かに自慢するために使われ、結局はほかのお金を全部連れて家出してしまう。

悪いお金は、しばしば主人を傷つけたり、家族を崩壊させたりするものだ。

よいお金を貯めるには、確固とした人生哲学が必要だ。主人がよいお金だけを貯めようと決めれば、お金のほうから自然とついてくる。欲を張らないから詐欺に遭うこともない。品行方正になるので、分不相応な店で高い酒代を払ってお金をどぶに捨てることもない。誰かにたかったり、あぶく銭を期待したりしないので、どこに行っても卑屈になったり恥をかいたりする心配もない。

こういう人にはさらにチャンスが訪れ、ツキも回ってくる。**良質な資産はどんどん増えても家族を壊さず、むしろ結束させる。**運よく入ってきた財産があっても、良質なお金のなかに混じることで、やはり良質なお金に生まれ変わる。

異なる環境で育った若者たちが士官学校に入学し、規律と学風を学んで同じ価値と規範を共有しながら、将校へと成長するようなものだ。友を選ぶように、お金も選ぶべきだ。こうして貯めたお金は、多ければ多いほどいい。あなたと家族をひとつに結びつけ、しっかり守ってくれるだろう。そして末長くそばにいてあなたの人生を見守り、尊敬されるお金持ちの人生を送れるよう手助けしてくれるに違いない。

「マンハッタンの物乞い」は一体何者だったのか

あれは、マンハッタンに雨が降るある夏の日のことだった。

夕食を終えて、34丁目にある、築100年を越す遺跡のようなメイシーズ百貨店に家族とともに立ち寄った。正門前に、この百貨店の歴史が刻まれた銅板がひとつ置かれていた。

どれほど多くの資本と財貨と富豪たちが、この銅板を踏み越えて玄関を入っていったのか想像していると、40歳ほどの物乞いが銅板の前に座り込んだ。彼は小雨に打たれながら、通行人たちの同情を求めた。助けを求める紙に書かれている文章を読むと、それなりに教育を受けた人なのかもしれない。

すでに遅い時間なのに夕食もとっていないのだろうか。私はわずかばかりの小銭をポケットから取りだして、物乞いの前に置かれた缶のなかに入れ、また百貨店のひさしの下に戻った。見ていると、何人かが小銭を出しては缶に投げ入れていく。

さらに気前のいいインド人女性が来て、かなりの額の紙幣を彼に手渡した。すると、彼は夕食代が貯まったのか、立ち上がってわずかな荷物をまとめた。最後に缶のなかを確かめ、いろんな人からもらったコインをより分けると、そのうちのいくつかを道端に捨てた。そして助けを求めるメッセージの紙を、雨から守るためか、リュックと背中のあいだに挟んで立ち去った。

彼のいた場所には1セント硬貨が3枚、捨てられていた。その後も多くの人が銅板を踏んで通っていったが、誰も1セント硬貨など見向きもしない。私は雨のなかを数歩進み出て、濡れた硬貨をつまみ上げて手のひらに載せた。

実際のところ、アメリカで3セントで買えるものなど何もない。

しかし、小銭をないがしろにする人は決して大金を手にできないと私は信じているので、そのコインを宝石のように大事に拾ったのだ。そのとき、ようやく妻と息子が1セント硬貨2万個分以上の値段のスニーカーを2足買って戻ってきた。私はズボンのポケットに入れた3枚のコインを右手でいじりながら、「このコインはお金の種だ」とつぶやきながら、ふたりのあとについて家に帰った。

あまり知られていない事実がある。

「小銭は人をお金持ちにし、大金は人を貧しくする」

ということだ。

ひょっとすると、あのマンハッタンの物乞いは10年前、私よりお金持ちだったのかもしれない。マンハッタンの金融街で大金を扱う仕事をしていて失敗し、破産したのかもしれない。小さなお金を軽んじて、大金を追い求めたあげくの果てかもしれない。

その間に、貧しい移民として多くの失敗を重ねてきた東洋人は、マンハッタン5番街にバルコニーつきのマンションをひとつ買い足して、週末にときどき遊びに来る身分になった。大事にしてやった小銭が、大金を連れてきてくれたのだ。

小さな秘密

65

家族のうちで最もお金持ちになったとき、親や親戚にどう接するべきか

兄弟姉妹のうち誰かひとりだけがお金持ちになったとき、誰もお金持ちになれないよりはましだと思うかもしれないが、家族間に思わぬ問題が起きることもある。社会でも格差が拡大すると、安全網が崩壊してあつれきが生じる。**家族間でも格差が広がると、不和が生じ、悔しさのあまり非難の応酬にもなる。**本書の読者はみな、きっとお金持ちになると信じているので、いまのうちからそれに備えて親兄弟への接し方を考えておこう。稼ぎの程度や結婚しているかどうかによっても多少の違いはあるが、私のケースをもとに、失敗の事例も含めて記録しておく。

状況① 財産規模が1億円以下の時期

やってはならないことは次の通り。兄弟姉妹に起業資金を貸すこと。親に家や車を買ってあげること。

やるべきことは次の通り。

親の世話をしてくれる義姉にブランド物のバッグを買ってあげること。甥《おい》や姪《めい》の大学入学祝いにパソコンを買ってやること。家族で食事に行ったらおごること。親に月々仕送りすること。

これは貧しさから脱してお金持ちになったばかりのケースだ。家庭で目立たず苦労している女性たちや、甥や姪に気を遣うべき時期だ。家族内でも気づかないうちに嫉妬の感情が起きることがあるので、苦労したり脇に追いやられたりしている家族に気を遣おう。

だが、事業資金を貸したり、車を買ってあげたりするようなことはまだ早い。安定した資産を手にするまでは、まとまった額のお金を支払ったり、親へ仕送りをしたりする以外には定期的な支出を一切作ってはならない。

小さな秘密 65 家族のうちで最もお金持ちになったとき、親や親戚にどう接するべきか

親への仕送りは、給料と同じように、決まった日に遅れることなく自動的に送金するようにしておこう。仕送りが1日でも遅れると、事業がうまくいってないのか、とか、親に何か不満でもあるのかと、いらぬ心配をさせることになるからだ。毎月決まった日に、一定

の額を送金し、事業が拡大したら少しずつその金額を増やしていこう。**お金の呼び方も「仕送り」ではなく、「配当」に変えたらいい。**親に気を使わせないためだ。これまでに自分を育てるためにかけた苦労やお金の配当だと説明し、堂々と、楽な気持ちで受け取ってもらおう。

また、仕送りは貯めずに全部使うよう、声を掛けるべきだ。お金が定期的に入ってこないと、生活への不安から使わずに貯め込んでしまうものだ。生活が苦しいほかの子どもや孫たちのためにと、使わずに貯めることがないよう、デビットカードを作ってあげて、残高があればそれを差し引いた額を渡してもいい。そうすれば、毎月通帳を見ることで、タクシーに乗ったり、カフェに行ったり、花を買ったりした痕跡が見える。

兄弟からの投資や住宅資金、生活費のサポートなどの要請には、絶対に乗ってはならない。あなたは事業に成功したからといって、まだ水面にも出ていないのだ。ここで足首をつかまれたら、また家族全員が貧困の沼に沈んでしまいかねない。そんなことで家族の縁が切れることがあってはならない。まずは親兄弟よりも、自分の子どもや配偶者の生活を考えるべき時期だ。

お金を出すなら、むしろ義姉妹、母、姉、妹に高級バッグを1個ずつプレゼントしたほうがずっと効果的だ。この時期は家族への金銭的支援をする時期ではなく、家族がバラバラにならないよう配慮する時期だといえる。

状況②財産規模が5億円以下の時期

ここまで来たら、親に家や車を買ってあげよう。お小遣い程度ではなく、親の生活費全体に責任を持つべきだ。甥や姪の学費も出していい。兄弟に嫉妬される時期が終わり、実力が認められる時期になったといえる。

この時期になれば、大金を使っても嫌味を言われることはなくなる。甥や姪の面倒を見る理由はふたつある。甥や姪によくしてやれば、いとこまで含めて家族共同体だという意識が強まる。いとこ同士も仲良くなり、会う機会も増える。

さらにいい点もある。兄弟姉妹から面倒な頼み事をされる頻度が減ることだ。子どもの学費や旅行の費用を出し、入学祝いにパソコンを買ってくれるお金持ちの兄弟には、そう無理なことは言えなくなる。甥や姪にお金を使うほうが、兄弟の事業資金や借金の保証をしたり、住宅購入資金などを援助したりしてやるより安上がりで、賢明だ。この時期も、兄弟に対する金銭的支援には慎重であるべきだ。

状況③ 財産規模が10億円以下の時期

この時期になると、兄弟のなかに貧しい者がいてはいけない。**彼らが貧困から抜け出せるよう、積極的に手を差し伸べよう。**この時期からは、兄弟の貧困はあなたの責任だ。事業家向きの兄弟のために会社を作ってやり、肩書を与えてやろう。自分だけでなく、一族全体が富裕層になるべきだ。財産規模が10億円を超えたなら、資産が資産を生む時期だ。

親を毎年、旅行に行かせてあげよう。その際には親の友人も招待してあげるといい。親の友人たちにも、あなたの評判が伝わるだろう。また、あなたは家族や親戚の食い物にされるのではなく、保険になってあげるべきだ。

重要なのは、こうした作業はあなたの配偶者にやってもらうことだ。

そうすれば、一族のなかであなたの配偶者も認められ、お金持ちになった実感を夫婦ともに得られるだろう。

小さな秘密

66

誰もが「失敗する権利」を持っている

この本をここまで読んでも、勇気も出ないし方向性も見えないという人がいるかもしれない。

そんな人たちのために、ひとつ助言しておきたい。

私は現在いくつかの会社を所有しており、それぞれ別の社長が会社を経営しているが、**私は傘下の社長たちが何か失敗しても、それを理由に懲戒したことは一度もない。**

逆に、新しいことに挑戦しないことを問題にする。

私の目には失敗が見えていても、そのまま好きにさせておくこともある。その失敗が次の失敗を防いでくれることもあるし、逆に私が間違えているかもしれないからだ。私は多くの失敗を経験し、いまも失敗しながら生きている。それは挑戦を続けているからだ。

失敗は権利だ。

特に、若者の失敗は特権だと言える。いまの時代は、成果を上げることばかりを求め、失敗した者に冷淡だが、この世に失敗のない成功が一体どれほどあるのだろう。**一度も失敗せずに成功の道を走る人は、一度の失敗ですべてを失うこともある。**だから、失敗した経験のない成功は、まだ本物の成功とは言えない。それは鉄筋の入っていないコンクリートのようなものだ。

親もまた、子どもの失敗に寛大であるべきだ。

逆に失敗したら褒めるくらいがいい。

多くの親は自分たちが失敗したから、子どもには失敗させたくないと思っている。だから失敗を避けるために最初から挑戦もさせず、結局は失敗させているのだ。**子どもが失敗するのは、挑戦しているからだ。**起業などせずに就職しろと促す親こそ、失敗している。自分の恐怖を子どもに引き継いでいるからだ。親が黙って見守っていてやれば、それだけで子どもは再挑戦し、いつかは成功できるだろう。

小さな秘密 66

誰もが「失敗する権利」を持っている

若者は決して**失敗を恐れてはならない**。
もう一度、言おう。失敗は権利だ。今日も、あなたは失敗する権利がある。それは絶対に守るべき権利だ。失敗する権利のない世界など、想像できない。人は誰も、迷い、挫折しながら成長するものだ。

ただ一度の失敗もないまま成功できた人はいない。

失敗は犯罪ではない。無謀だと思っても、絶えず挑戦しよう。すべての成功は、挑戦しない者から見たら無謀なものだったからだ。

小さな秘密

67

本を読んだ分だけお金持ちになれるだろうか

本は人生における最良の道具だ。

私はいまもそう信じている。

インターネットやテレビで、もっと早く正確な情報を探すこともできるが、本が与えてくれる濃密な情報には勝てない。私は毎月20冊以上の本を買っている。多様な分野に関心を持っているので、読書量は多いほうだ。物理学の理論に興味を持ったら、関連書籍を一度に何冊か注文し、債券のことが気になったら、書店で債券に関する本を丸ごと買う。ある作家の作品を好きになったら、古本を探して絶版本まで買いそろえる。

幸い、私は読むのが速いほうだ。300ページほどの本なら2〜3時間で読む。必要なら下線も引き、思いついた自分の意見を余白に記しておく。本の内容とは違う考えが浮かんだときも、そのまま書いておく。

内容がタイトル負けしていたり、気に入らなかったりした本は、あえて最後まで読まない。私は作家と書名をすぐ忘れてしまうので、すでに読んだ本をまた買ってしまうことも多い。だが、最近ではありがたいことに、ネット注文の場合、決済前に親切にも購入記録を教えてくれる。

私の書斎には数千冊の本がある。では、私がお金持ちになれたのは、これらの本のおかげだろうか。答えはノーだ。本はあなたをお金持ちにすることはできない。

本を解釈し、自ら問いを立てる能力が身についたとき、

初めてあなたはお金持ちへの道を探せるのだ。

本を読んでいてよくあるのが、その作家にのめり込んで、どうやってこんなすばらしい思考や判断にたどり着いたのか知りたくなり、とりこになってしまうことだ。本の内容が事実かどうかに関係なく、すべて真理として受け入れ、自分の考えを捨ててしまうのだ。

しかし、どれほど有名な作家の文や偉大な学者の理論も、100％正しいことはありえない。聖書にも誤訳や脱落がある。作家に夢中になって、本の内容を書き写したり、作家自身より正確に覚えていたりする人もいるが、一部が正しくても、それ以外の部分が誤っている可能性も考慮すべきだ。

疑うことを知らない、問いを生まない読書では意味がない。

ところが、本を読んでその内容に感化されると、精神的に圧倒されて、自分をみじめに感じることがある。そうなると、読めば読むほど肩身が狭くなり、身が縮む思いがする。巨人の肩に乗って遠くを見るどころか、巨人の尻にしかれてしまうのだ。

どれほど読んでも、それは死んだ本だからだ。本に感化されたときは、胸を張り、自分の足でしっかり立って、巨人といっしょに歩くべきだ。

その方法を教えてくれるのが「散歩」だ。**散歩することで、本を生かすのだ。**

本を読んだら、そのテーマや観点について散歩しながら考え、作家の権威にひれ伏してしまうのではなく、自分の基準で正しいことと間違ったことを判断する時間を持とう。そして自分の足で立つ練習をすべきだ。

本を読むと、また身が縮んでしまうかもしれない。しかし、こうやって自分で考える訓練を続ければ、足に筋肉がついて、胸を張って独り立ちできる日が来るだろう。散歩と自問によって、疑いと問いを持つ習慣を育てよう。

あなたも散歩しながら、あるいは静かに座って、今日読んだ本の内容について熟考する時間を持ってほしい。そうすれば、どんなに偉大な著者の本でも、ページを水増しするために書いたたわ言が見えてくるし、ただ本を売るために理論をでっち上げた自己啓発書もわかる。あなたの心の筋肉が健康になったからだ。散歩すれば心身ともに健康になるので、1日1万歩以上歩くようにしよう。

小さな秘密

68

神は本当に公平なのか

どんなに努力しても希望が見えず、失敗や挫折が続くと、人は神を恨むようになる。

私も何度か失敗を味わい、挫折が続いていたころ、神はどうしてこんなに残酷なのかと恨めしく思った。悪いこともしておらず、こんなに一生懸命努力し、挑戦してきたのに、なぜいつも失敗するのか理解できなかった。成功したら多くの人を助けながら生きていこうと思っているのに、なぜ神は私に幸運をくださらないのかと疑い、無念だった。

しかし、しばらくすると、**「神は常に公平だ」と思うようになった。**自分が成功したあとだから言うのではない。成功する以前も以後も、神はどんなことにも関与しないことで公平性を保っている。思えば、私が7回失敗しても、14回失敗しても、関与しなかったのだろう。一方、私が莫大なお金を稼いだり、過分な賞賛を受けたりしても、関与しないでいる。**神は世界が自ら動くことに関与しない**ことで、自身の公平さを示しているのだ。

だから、いくらつらくても神を恨まず、神に頼ることなく自分の足で立たねばならない。神の助けを借りずに自ら立ち上がる決心をしてこそ、本当に道が見えるようになる。神の助けを願っていくら祈りを捧げようが、神は身じろぎもしないだろう。

挫折し、失敗しても、神を恨んだり自分を責めたりしてはならない。神の過ちでもなく、あなたの過ちでもない。再チャレンジすればいいのだ。

神が世界に関与しないのは、無頓着なのではない。無為というべきだ。神が人間を愛していないからではなく、真に愛しているからだ。**人間が自ら行動し、自然と動き出すように見守っているのだ。**これが、神が世界を導くやり方なのだ。神が世界に関与すれば、その瞬間に世界は動きを止めてしまうだろう。停止とは死を意味する。

神は世界に関与しないことで、あなたを祝福し、支持しているのだ。それが理解できたら、思う存分に世界の富と祝福を手に入れよう。そして、あなたがその富を使って、神が成し遂げたいことを実現できるよう願っている。

小さな秘密

69

投資ばかりしている社長と怒ってばかりいる社長の妻

ソン社長は商売の神だ。

店を出せば全部成功し、考案したメニューも全部ヒットする。ソウル近郊にあるソン社長のデザートカフェは、いつも満員だ。近所に焼肉屋も出しているが、どの店も繁盛している。

ソン社長のカフェの裏手には、カフェと同じほどの広さの大きな研究室があり、入口には実際に「研究室」という看板が掲げられている。

ソン社長のパソコンのファイルには2万枚以上の写真が保管され、メニュー、盛り付け、照明、調理器具、小物、服装などの分類別にきれいに整理されている。日本やヨーロッパ、東南アジアの有名なレストランを訪ねて得たアイデアだ。

学者のようなソン社長の探究心のおかげで、客たちは海外に行かなくても各国のメニューを楽しめるので、カフェは常ににぎやかだった。

しかし、妻のユンさんは、いつも夫に腹を立てている。

結婚して20年になるというのに、まだマイホームもなく、これという財産もないからだ。周囲には堅実なお金持ちとして知られ、懐事情の厳しい実家からはそれとなく支援を求められているが、実のところ財産はないに等しい。

おまけに2店舗あるから、ユンさんは毎日朝から晩まで焼肉屋に出なければならない。そうしないと生活費もままならないからだ。夫の顔を見るのも嫌で、カフェには行かないでいる。

カフェの裏手の研究室には研究員が6人もいる。カフェの従業員は4人なので、それより多い。

研究員はカフェでは仕事をしない。カフェの従業員の夢は研究員になることだ。給料は高いし、仕事もクリエイティブだからだ。

ソン社長の夢は遠大だ。このカフェを全国に広げ、大企業にしたいと考えている。だからメニュー研究室を作って、世界中のあらゆる人気メニューを研究し、研究員たちとともに作っているのだ。次々とメニューを開発するので、カフェのメニューは年に4回ずつ入れ替わる。おかげで客は喜んでいるが、妻のユンさんはイライラしている。

理由は簡単だ。ソン社長はカフェの稼ぎを**メニューの研究と研究員の給料で使い果たしてしまう**からだ。

研究員を連れて日本に行ってメニューを勉強し、メニューを絶えずアップグレードするため、毎年のように店を改装したりメニュー表を作り変えたりと、その費用が収益以上にかかってしまうからだ。

新しいメニューを出して大当たりするたび、これで大金持ちになれると大喜びする。ところが、メニューが変わると食器も変え、テーブルや照明も全部変える。たまに来店する同業の人たちが、羨望の目でソン社長を褒めたたえるのを見ると、ユンさんのはらわたは煮えくり返る。

ソン社長は完璧主義者だ。

カフェを開く前はカーセンター、その前は印刷所を経営していた。韓国最高の印刷所を作るといって、お金が入るたびにドイツや日本の印刷機を片っ端から買い集めていた時期があった。

最高の外車修理専門のカーセンターを作るといって、中古の外車を何台も買って分解していたときもあった。

たくさん稼いでも、それをすべて事業に再投資するので、妻のユンさんはお金に触る機会もない。研究室がなければ月に200万円の利益が出るはずだが、研究員の人件費と開発の材料費に消えてしまう。ユンさんが焼肉屋の稼ぎから生活費だけでも確保しないと、ソン社長はそのお金も研究に注ぎ込んでしまうに違いない。ご近所さんから、しっかり働いて稼ぎのいい夫がいてうらやましいと言われると、ユンさんは情けなくてたまらない。

私は確信する。ソン社長は絶対にお金持ちになれない。

カフェや焼肉屋がうまくいけばいくほど、妻のユンさんの言葉通り、店と研究への投資が増えるばかりだろう。

ソン社長のひとつ目の罪名は、「**無限投資罪**」だ。

会社には、投資の適正比率がある。どんな会社でも、利益の100%を毎年投資することはない。仮にソン社長が店舗を数十店に拡大しても、**妻のユンさんにお金が入る日は来ない**

に違いない。もっと会社を大きくするために、もっと投資を増やすことになるからだ。そして一度でも失敗したら、奈落の底に落ちてしまうだろう。

ふたつ目の罪名は、「**横領**」だ。

ソン社長は妻のユンさんの財産を横領しているのだ。

夫婦は生活共同体なので、その財産も共有財産だ。いっしょに暮らす夫婦であれば、どちらがお金を稼いでも、収益の半分は配偶者のものだ。

ソン社長は事業での稼ぎの全額を事業に再投資することで、妻の財産を横領したことになる。利益の全額を再投資するには妻の許可が必要だが、許可はおろか、妻の反対にもかかわらず、毎年再投資を続けた。

ソン社長の最大の罪は、「**経営無知罪**」だと言える。利益の半分を妻に渡して、残りの半分で事業を育てるほうが賢明なのに、経営者でありながらそのことを知らなかったのだ。

ソン社長の「経営無知罪」について、もう少し説明しよう。ソン社長は一家の長であり、事業の経営者だ。事業は見栄を張るためのものでも、ボランティア活動でもない。家族と自分の自由を得るための固い信念に基づく行動だ。これまで事業の利益の半分を妻に渡してきたなら、妻は夫を尊重し、誇りに思ったはずだ。ソン社長も、毎年の利益の半分を妻に渡していたら、いまごろは家を1軒買って、老後の資金も手当できていたはずだ。

事業をいまのように維持し育てるためには、この程度の投資が必要だという言い訳は間違っている。いまのソン社長は、**家族のために事業をしているのではなく、家族の犠牲の上に、自分の見栄のための仕事をしているからだ。**妻が夫を無視し、腹を立てるのも当然だ。

ソン社長にお願いしたい。

利益の半分を妻に渡そう。

それは妻の当然の取り分だ。ソン社長自身にとってもいいことだ。家の財産は半分妻に渡るまでは完全な財産ではない。妻が保管するお金こそ、家の実質的な財産だ。そうすれば、あなたは事業を守り、家の財産も増やすことができる。何よりもいちばんの恩恵は、妻があなたを事業家として誇らしく思うだろうことだ。この文章を、ソン社長がぜひ読んでくれることを願っている。

小さな秘密

70

お金の力は、友情の力よりも数倍強い

ビジネスをするにあたり、投資をしてくれる人と投資をしてもらう人がいる。この事業協力は、事業がうまくいっても問題だし、うまくいかなければもっと問題だ。悪い協力相手に出会ったら、仕事のストレスより、事業協力によるストレスのほうが大きくなる。

しかし、よい協力相手に出会えれば、自分がふたりに増えて力を合わせるようなものだ。だから、よい協力関係を維持するためにも**すべてを文書化し、お互いの資産を尊重し合うべきだ。**

・投資してもらう人へ

もしあなたが自分のお金より人のお金が大切だと思えるなら、事業協力をしてもいいだろう。投資家に対して四半期ごとに財務諸表を報告する義務があると信じているなら、事業協力をしてもいい。事業が成功したときに、相手にお金を返して事業協力を破棄する気がないなら事業協力をしてもいい。あなたが給与を受け取るとき、協力相手に給与水準を報告する義務があると信じるなら事業協力をしてもいい。細かな資金の使い道もすべて記録し、閲覧できるようにする自信があるなら事業協力をしてもいい。

・投資する人へ

事業が失敗しても、自分が投資したお金を返してもらおうと思わないなら、事業協力をしてもいいだろう。事業がうまくいかないときも、相手は変わらず給与を受け取っていいと思うなら、事業協力をしてもいい。協力相手の会社の社員を自社の社員のように大切に思うなら、事業協力をしてもいい。知り合いに対して「あの会社は私のもの」と自慢しない自信があるなら、事業協力をしてもいい。

・事業協力をしようとするふたりへ

双方が株式の持分、職責、給与、経営権、収益の配分方式、責任の限界、株式譲渡時の同意権、再投資比率、契約破棄の条件などについて明確に文書化して契約を結ぶなら、事業協力をしてもいい。双方が取締役会、増資、配当などについて正確に理解し、文書で協議しているなら、事業協力をしてもいい。双方の業務分担についてはっきりと定め、これを履行できなかった場合の損益分配比率について合意しているなら、事業協力をしてもいい。

お金は友情よりも強い。

だから、契約が曖昧でほころびが見えたら、友情も家族愛も崩壊してしまうだろう。夫婦や親子の仲も引き裂くことができるのが、お金の力だ。友人同士、家族同士であっても、双方のお金同士が友人や家族になることはできない。お金同士が友人や家族になれるのは、正式な契約があるときだけだ。友情は友情、お金はお金と、分けて考えるべきだ。相手のお金を尊重する気持ちだけが、事業協力に関するすべての問題を解決してくれるだろう。

小さな秘密

71

道を知らなければ「近道」よりも「広い道」を探せ

ソウルの江南《カンナム》に気に入った物件を見つけて購入したときの話だ。

その物件のオーナーは60代の男性で、最初は絶対に売らないと言っていたのに、やっぱり売るといって連絡してきた。彼は数戸の物件を所有していたが、このうちのひとつを子どもの事業資金を補塡するために売却しようとしたのだ。当時、私も不動産については特に知識がなかった。取引を終えたあと、私は彼にこう尋ねた。

「不動産を購入するときのポイントをひとつだけ教えてもらえますか？」

しばらく黙っていた彼は、私の質問が真剣だと思ったのか、ひとつだけ話してくれた。

「私は地下鉄の出口からすぐ見える建物だけを買うようにしています。」賃貸や売買の案内を貼り出したら、その日のうちに連絡が来るような物件です。息子の事業のことがなければ一生売らなかったでしょう。キム先生も今日知らせを聞いて、契約に来られたんですよね？」

それ以来、この人の基準が私の不動産購入の基準になった。

当然、駅前の物件は高い。しかし、賃借人のレベルをこちらで選ぶことができるし、売って現金化することも簡単だ。だから、高い物件がいちばんお買い得だと言える。**私はいまも物件を買うときは広さ、利回り、築年数よりも「ロケーション」を重視する。**不動産の専門家以外にとって、最も安全に利益を得る道は、ロケーションのいい物件を買うことだと知ったからだ。不動産について自信が持てる前も、ロケーションに重点を置いて購入して大きな失敗をしたことはなかった。

知らない町を旅するときは、広い道を歩けばいい。広い道があるのに近道を行こうとすると、袋小路に入ってしまったり、後戻りしなければならなくなったりすることが多い。自分の方向感覚を信じたせいで完全に迷ってしまうこともある。**ある資産の分野で素人が迷わないためには、その分野の大道を探せばよい。**

この方法は、あまりなじみのない市場に投資するときにもかなり役に立つ。私は株を買うときも、その業界について十分に理解していないときは、常に業界のトップを選ぶ。そのあとに理解度が深まったら2位を選ぶこともある。私はまだ不動産投資についての理解が十分ではないが、資産配分をするために不動産に投資すべきときもある。そんなときは、常に広くて大きな通りにある建物だけを購入することにしている。

お金持ちになれない人は、自分をお金持ちになれないと思っている人だ。

ソウル市内の不動産が高いことはみな知っている。高いのには高いなりの理由がある。なのに、ソウル通勤圏の近隣の都市に投資する人がいる。

アップル社の株価はこの十数年で30倍にもなった。アップル株が上がるのにもそれなりの理由がある。なのに、アップル株ではなく、アップル関連のテーマ株を買う人がいる。ロケーションのいい場所の小さな物件を買うとか、アップル株を少量だけ買うとかすればいいのだが、こういう人は近道を探そうとして袋小路に入ってしまう失敗をしているのだ。すでに実のなった木が目の前にあるのに、その種をもらって木を育てようとして、リスクを作り出しているわけだ。

投資をするときに常に悩むのが、収益を出すことが重要か、損失を避けることが重要かという問題だ。ところが、収益と損失回避の二兎を追い、両方とも逃してしまうのが現実だ。ゴルフに例えれば、**投資の世界で生き残るのはホールインワンを出す人ではなく、**

バーディーを多く取った人**だ。**

ホールインワンを出した人が優勝することはあまりないし、優勝するためにホールインワンを狙う人もいない。しかし、誰もがホールインワンに注目し、バーディーを軽視する。ボギーやダブルボギーを出さないだけでも、仲間内のゴルフでは優秀なプレーヤーだ。自分が知らないことやコントロールできないことを減らせる人こそが、最高の投資家だ。

広い道ばかり歩いていると、おもしろいものを見られなかったり、裏道が繁盛して儲かっている店があるのを知らずにいたりすることもある。つまり、リスクを避けるあまりに、収益が平均を下回ってしまうこともあるのだ。しかし、利益が平均を下回ったからといって、無一文になることはない。**一度でも失敗したら無一文になるような危険は絶対に避けるべきだ。**一度でも落後したら、市場にカムバックすることは容易ではない。だから、すべての路地を隅から隅まで知り尽くすまでは、広い道を歩くようにしよう。

小さな秘密

72

「クオーターの原則」に従って生きる

2019年の春、年配の旧友たちと最近親しくなった若い友人たちの数人で、車でアメリカ大陸横断旅行をした。

大型SUVでロサンゼルスからニューヨークまで、自分たちで運転して行った。特別な目的地も決めていなかったが、私には行きたい場所が1カ所だけあった。

ネブラスカ州オマハ市にある**ウォーレン・バフェット**の自宅だ。

アメリカ最高の富豪のひとりである彼が、私より小さな家に住んでいるということが信じられず、一度この目で見てみたかったのだ。

バフェットが質素で気さくな人物であることはすでに何度も耳にしていたが、本当にそんな質素な家に住んでいるのだろうか。

私たちがバフェットの自宅に到着したとき、彼はセキュリティ設備もなくガードマンもいない家から、たったいま自分で車を運転して出勤したばかりだと知った。

62年前に**30万1500ドル**で購入した自宅に、彼はいまも住んでいた（バフェットの投資実績を見ると、なぜ彼が家を買わないのかがわかる。彼の家は２０２０年現在の相場で85万４０００ドルだ。その分を投資に回していたら、１３６億ドルになっていたはずだ）。

1000億ドルの資産を持つバフェットは、サムスン電子が２０１０年下半期に販売した20ドルのふたつ折りフィーチャーフォン（ガラケー）をずっと使っていたが、最近になってiPhone 11に乗り換えた。

朝食も通勤途中でマクドナルドに立ち寄り、マックモーニングを食べるが、アメリカのケーブルチャンネルＨＢＯとのインタビューで、「財政的に余裕がないときはいちばん安いセットを選ぶ」と言ったこともある。

実際、私はバフェットの数万分の1の資産しかないが、彼と比べれば何倍も贅沢な暮らしをしている。私はバフェットの何倍も高額な家に住んでおり、もう何年もマクドナルドのような

小さな秘密 72 「クオーターの原則」に従って生きる

場所で朝食を食べたことがない。

私はバフェットの質素な生き方を尊重し、尊敬している。世界最高の富豪のひとりが、ごく平凡なアメリカの中間層の生活をしており、塀に鉄条網を張り巡らせることも、ガードマンに守らせることもない。これが彼の最もスマートなところだ。

ほかの富豪たちは、丘の上に塀をめぐらせ、誰も近寄らせずに、防犯カメラやガードマンに守られながら暮らしている。彼らの偉大さとバフェットのそれとは比べものにならない。

しかし、尊敬してはいても、バフェットと同じような暮らしをしたいとは思わない。私自身、別の基準を持っているからだ。私はこれを「クオーター（quarter）の原則」と呼んでいる。クオーターとは英語で4分の1のことで、**自分と同一レベルの経済力や収入のある人たちの4分の1で生活する**というものだ。

10万ドル稼いだら収入が2万5000ドルの人と同レベルの生活をし、100万ドル稼いだら収入が25万ドルの人と同じように生活し、1000万ドル稼いだら収入が250万ドルの人と同じように生活するのだ。

クオーターの原則は、質素と贅沢のあいだに基準のラインを引いてくれる。この基準を作ったのは、年々資産が増えることが確実ではない状況で、経済的に問題が生じた場合、この危機を回避するために、無収入でも3年は生活できるようにするためだ。もうひとつの理由は、収入が増えたら増えた分だけ自分にご褒美をやりたいからだ。つまり、バフェットのように極端な節制をするよりも、もう少しはっきりと自分の努力に報いてやりたいのだ。

私たち家族はホールフーズ・マーケットでオーガニック製品を購入しているが、食料品の価格を気にしなくなって久しい。

花も好きなだけ買うし、車もレジャー用、家族用、通勤用、オフロード用と、用途別に保有している。

旅行はビジネスクラスやファーストクラスで移動し、高級ホテルに宿泊する。しかし、いまでもクオーターの原則にのっとって生活をしている。

もし来年の収入が減れば、クオーターの原則通りにエコノミー席に乗り、消費も減らすだろう。こうやって自分に報償と制限を設けているのだ。

私は貧困から一代でのし上がった事業家なので、私と同じレベルの収入のある富豪たちと同水準の生活をするには、自分の富が本物か、もう少し長い目で確認する必要があると思う。彼らのように自家用ジェット機を買って豪邸で暮らしたければ、彼らの4倍稼げばいい。クオーターでの生活までが、遅れて移民者として一家を成したお金持ちに許された最大の贅沢だ。

東洋哲学では、陰と陽とをうまく組み合わせたとき、完全なものになると考える。家や服や車など、目に見えるものは陽だ。言葉や態度や食事などは陰だ。だから、事業家や資産家にとっては、むしろ適度な品位が目に見えるような贅沢が必要なのだ。

ただし、**事業家の贅沢の限界を越えてはならない。**

この限界を守ったこざっぱりとした身なりや美しい車や家は信用を高めてくれ、きれいな言葉遣いや礼儀、きちんとした食事は品性を高めてくれる。これらの贅沢は品格の表れだ。お金持ちになってもバフェットのような質素な暮らしをするつもりがないなら、私が提案するクオーターの原則を実践してみてはどうだろうか。これが最も安全に楽しめるお金持ちの道だ。

小さな秘密 73

どれだけ神に祈っても、お金だけは対象外

神はあなたをお金持ちにすることはできない。

神の恩恵でお金持ちになれるなら、世の富豪たちはみな宗教を信じる真面目な人たちばかりだろうし、彼らを見習ってお金持ちになりたい人たちも、みな神を信じているはずだ。ところが、神を信じない人のなかにもお金持ちは多く、ほかの宗教を信じている人のなかにもお金持ちは多い。

神はあなたをお金持ちにすることに関心などないし、お金を生み出すこともできない。

神はこの世のことなら何でもでき、あらゆる祝福を授けられるが、不思議にもお金についてだけは人間に任せっきりだ。これはどんな宗教も同じだ。神が住むという偉大で荘厳な建物を見物した者は、最後の部屋で記念品を買わされることになっている。

お金を稼ぐことについては、神よりも人間のほうが上手なのだ。

だから、お金は神に頼らず、自分で稼がねばならない。心から神を信じている者なら、宝くじを買って「必ず善行のために使うので当選させてください」などと神に祈るようなことはしないはずだ。真面目に生きていればいつかお金持ちにしてくれるだろう、という望みも捨てるべきだ。

また、占い師、巫女《みこ》、占星術師、観相学者、易者、タロットカードなど、その職業をどう呼ぶかはどうあれ、彼らにお金儲けの仕方を聞く前に、**彼らがあなたよりお金持ちかどうかを調べよう。**その人があなたより貧しければそれ以上話を聞く意味はないいし、その人があなたよりお金持ちだとしても、その人以上のお金持ちになれる見込みはない。

たまに占いに救われることもあるかもしれないが、それは単なる気まぐれであって、なんの必然性もない。私は生まれてこの方、超自然的な力や信仰に頼ったことがない。これからもそのつもりはないいし、重大な経済的決定を神に頼る気もない。調査や勉強では解決できない問題があれば、むしろ直感に頼るだろう。**神への祈りは人間を守ってくれるかもしれないが、財布までは守ってくれない。**超自然的なものに頼る姿勢は、夢を現実だと信じるようなものだ。その結果、財政的に破滅に至ることもある。

以前、友人の紹介でかなり有名な占い師に会ったことがある。その占い師の部屋には著名な政治家や有名人のサインがあった。席に着くと、占い師は私の顔をじっと見つめた。そして出されたお茶に口をつける間もなく、いきなり私を表に連れ出した。連れて行かれた先は、近所の海鮮料理の店だった。私が魚が好きだとどうしてわかったのだろうか。彼は聞きもせずに料理をいくつか注文し、テーブルに皿が並ぶと、真剣な顔で私にこう聞いてきた。

「どうか私にお金儲けの方法を教えてください」

その瞬間、はっきりとわかった。**未来が見えるという人であっても、お金についてはどうにもならないのだと。**私が彼に、周易と四柱推命をもとにインターネットの占いサイトを作ってみたらどうかと言うと、そんなことを言われたのは初めてだといった。そして、ネットで占いなんてできるわけないと言って手を振った。私の話を理解できなかったようだ。私は結局、食事代分のアドバイスはできず、その占い師はいまもあの部屋で齢を重ねながら、他人のお金について占っているのだろう。

小さな秘密

74

貯めるときは農民のように
投資するときは漁師のように

お金持ちなら高級な情報をたくさん持っているから、投資でも有利だと信じている人は多い。

また、お金持ちは余裕資金を使って、暴落時にもナンピン買いをしていくらでも資産を増やせると信じている人もいる。

だが、お金が多ければより多くの損を出すこともある。

お金持ちとあなたとの違いは、決定の方向とスピードだ。

彼らの多くは、財産を築く過程で多くの正しい決定をしてきたがゆえに、いまの地位に立っているのだ。

彼らは財産を貯めるとき、

農民のように行動する。

地面を深く掘って雨を待ち、長期の干ばつに耐え抜く。

そして、**いざ資産ができたら**

漁師のように行動する。

神出鬼没の魚群を追って船を走らせ、風と水温を読んで網を打つ。去年は大漁だった漁場にこだわらず、今年は直感に従って網の位置を変える。

有能な漁師は漁業組合の事務所に電話して、網を打つべき時期や場所について聞くことはない。常に自分の判断で、船を出す位置を考えるのだ。

同様に、お金持ちはファイナンシャル・プランナーや証券マンの意見を鵜呑みにすることはない。自己の明確な投資哲学を持ち、経済の動きを読んで、何に投資するかを冷静かつ迅速に決定する。

彼らがお金持ちになれたのは、他人と同じ状況に置かれていても、人並外れたふたつの特徴があるからだ。

まず、彼らは危機を予知するシステムを持っているわけではないが、

危機が発生したときにふだんからそれに対する準備をしている点だ。

次に、危機に対処するための良案を持っているわけではないが、

答えが見えたら即座に行動する点だ。

一般の人たちが右往左往しているあいだに、彼らはすでに状況を把握して待ち構えている。つまり、危機をチャンスに変える能力が優れているのであって、情報や資産の豊富さに助けられているわけではない。

もちろん、資産は多くても、危機に耐えられない者は転落するしかない。お金持ちであることもひとつの能力であるため、危機に耐える力のある者がさらにお金持ちになるという理屈だ。

小さな秘密

75

今日すぐできる「お金が貯まる4つの習慣」

自尊心がない人は、お金を儲けても正しい使い方がわからず、お金の力を十分に発揮できない。自尊心のない人は、手にしたお金を主に快楽のために使ってしまう。

自分を心から愛し、尊重することを知らないから、お金があると酒やタバコ、海外旅行、ブランド物の購入など、贅沢をしたり見栄を張ったりすることで自分の価値を上げようとするのだ。お金を稼いで自信がつき、その自信がうまく育てば自尊心につながるが、その前に備えておくべき日常の習慣と資質が**4つ**ある。

特に若者は、社会に出る前に必ずこの4つの習慣を身につけるべきだ。それがまだ身についていない人は、いまからでも気をつけてほしい。これらの習慣のポイントは、いまのうちからお金持ちとしての態度と習慣を取り込んでおき、いつ富があなたのもとを訪れても胸を張ってそれを受け取れるようにすることだ。

この4つの習慣には、**富が似合う人間になることで、富に逃げられないようにする効果がある。**それを身につけないままにお金を稼ぐと、むしろお金に傷つけられることもあるから要注意だ。

1つ、起きたらすぐに伸びをしよう。

横になったまま、腕を頭の上に伸ばし、両手を組んで体をCの字にしながら、腰を左右にぐいと伸ばしてやる。次にベッドに腰かけて、足を水平に伸ばし、組んだ手を上に返して腰を伸ばす。

こうして全身をストレッチすることで、筋肉の弛緩《しかん》と収縮を助けてやる。伸びをすると体の奥のほうの筋肉がほぐされて、疲れを早く解消することができる。伸びはストレッチの一種で、簡単な全身運動でもある。すばやく肺のなかに多くの空気を取り込み、全身に酸素が行きわたる。

起きてすぐ伸びをすると、あなたは世界と結びつき、体のなかに気を取り込むことができる。

動物たちは特に運動をしないが、よく伸びをする。伸びはすべての動物が持つ、自然な身体行動だ。伸びをしてから起きる習慣を持てば、1日を感謝の気持ちを持って堂々と迎えることができる。**朝の伸びは、人生に新しく与えられた1日に対する、心と体のあいさつだ。**そうすることで、活力に満ちた1日が始まるのだ。

2つ、起きたらベッドをきちんと整えよう。

ベッドを整えるのは、人生への感謝と同じだ。食事と睡眠は生活の質を計る重要なバロメーターだ。ゆっくり眠れたことへの感謝の気持ちとして、ベッドに対する礼儀を示そう。くしゃくしゃになった布団を広げ、ゆがんだ枕の形を整え、ホテルのメイドがするようにベッドメイキングする。

乱れたベッドでまた夜を迎えるのは、自分自身への侮辱でもある。これを毎日繰り返すのは、あなたの人生を馬鹿にすることだ。1日を終えて就寝するとき、自分がきちんと整えたベッドに入る人は、平凡な人ではなく偉大な人だ。こうした些細な行動が人間を偉大にしてくれる。

3つ、朝の空腹時にコップ1杯の水を飲もう。

もっと飲めたらさらにいいが、少なくとも1杯は必ず飲むようにする。体内に食べ物を取り入れる前に、体を慣らしてやるのだ。

睡眠中に肺呼吸や皮膚呼吸で排出された水分を補充し、ドロドロになった血液をサラサラにする。1杯の水が腸の運動を促進し、排便を助ける。胃腸はもちろん、脳の活動を円滑にする交感神経を刺激して、眠りから覚ましてくれるので、1日をさわやかに始められる。起き抜けの1杯の水は、現代の医学用語で伝えきれないほど多くの利点がある。これは人類全体の文化と時代をまたいだ数千年来の知恵だ。

4つ、就寝と起床の時間を規則的にしよう。

仕事でどうしても就寝時間が不規則になったとしても、必ず決まった時間に起床する。日の出前には起きて太陽を出迎え、先に述べた決まりを毎日実行してほしい。規則正しい生活をすることは、非常に重要だ。規則を守ることで、自分への信頼と他人からの信用が生まれる。こういう人は、家族からも信頼される。

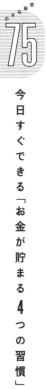

以上のように、たった4つの習慣をコツコツと続ければ、自然と背筋が伸びて、大きく見えるようになる。

言葉と行動が安定し、食生活の乱れもなくなる。若くても人物に重みが生まれ、信頼されるようになる。先輩たちからも尊重され、年下でありながらリーダーのように見える。この習慣を身につけてからお金を稼ぎ始めれば、お金の力があなたという人物を引き立たせてくれるのだ。

若くして場をわきまえることを知り、虚名に惑わされることがないので、贅沢や自慢のために浪費することもない。人間関係においても、自然とよい縁だけが残り、悪い縁は切れる。

この些細な習慣自体が、富を呼び込むわけではない。

しかし、この習慣を身につけた人のもとにいったんお金が入ってくると、**絶対に減ることはない。**お金は、結婚相手を探す人間のようなものだ。毎朝、伸びをして、ベッドをきれいに整え、1杯の水を飲む習慣を守り、毎朝同じ時間に起きる異性を見れば、きっとよいパートナーになりそうだとわかるだろう。

些細な行動のなかに、

その人の人生のすべてが表れるからだ。

お金だって、こんな相手と一生をともにしたいと思うに違いない。

エピローグ

本を書くのは、いまだに最も難しい仕事のひとつです。

これまで社長学概論の授業を通じて3000人の事業家を教えてきましたが、お金にまつわるさまざまな問題が、彼らにとって最も身近な悩みであると感じていました。

そして、**お金の問題は、経営者に限らず、すべての人にとっての問題だと思いました。**それで、経営者に限らずあらゆる人々、特にこれから社会人になる若者を中心に、言っておきたいことをすべて本書に盛り込みました。

じつは2020年は安息年と決め、講演や授業も休みにして、世界を旅行したり本を読んだりしながら過ごそうと思っていました。

ところがその年の3月から新型コロナウイルス感染症が全世界に影響を及ぼしたせいで、私も家のなかに閉じこもることになり、そのために、皮肉にも原稿を完成させることができました。

いつも資料集めや校正に協力してくれた姪のパク・ジョンに、特に感謝の気持ちを伝えます。

また、講演や授業に付き合って内容を記録してくれた教え子のキム・ヒョンジン君にもこの場を借りて礼を述べたいと思います。

本書の内容のうち経済用語、理論、数字などについて、専門家の目から見ると不足の点もあろうかと思いますが、経済学者ではないひとりの投資家としての理解を記述したものとして、ご理解いただければ幸いです。

本書が多くの人に経済的自由を与える機会と方法になれば、筆者にとって大きな喜びです。

キム・スンホ

キム・スンホ

スノーフォックスグループ会長

韓国人として初めて、アメリカでグローバル外食企業を成功させた実業家。創業したスノーフォックス社は、世界11カ国に3900の店舗と1万人の従業員を抱えるグローバル企業。年間売り上げ1兆ウォンの目標を達成、米ナスダック上場を控えている。出版社、生花流通業、金融業、不動産業も営みながら、農場経営者の顔も持つ。韓国中央大学校ではグローバル経営者養成コースの教授も兼務。韓国と世界を行き来しながら、最近5年間で3000人あまりの事業家を養成。「社長を教える社長」として知られる。本書は、インターネット上で動画が1100万回以上再生された「伝説のお金の授業」の書籍化。2023年まで4年連続でベストセラーとなり、100万部に到達した国民的な「お金の教科書」。

吉川　南（よしかわ・みなみ）

翻訳家

早稲田大学政治経済学部卒。韓国の書籍やテレビ番組の字幕など、ジャンルを問わず幅広く翻訳を手がけている。訳書に55万部を突破した『私は私のままで生きることにした』（ワニブックス）や、『勉強が面白くなる瞬間』（ダイヤモンド社）、『あなたにそっと教える 夢をかなえる公式』（小社）などベストセラーを多数翻訳。

ブックデザイン　吉岡秀典
十及川まどか（セプテンバーカウボーイ）
校閲　鷗来堂
組版　天龍社
翻訳協力　株式会社リベル
編集　三宅隆史（サンマーク出版）

最高峰のお金持ちが語る75の小さな秘密

お金は君を見ている

2024年2月10日　初版発行
2024年3月1日　第2刷発行

著　者　キム・スンホ
訳　者　吉川　南

発行人　黒川精一
発行所　株式会社　サンマーク出版
〒169-0074　東京都新宿区北新宿2－21－1
電話　03－5348－7800（代表）
印　刷　共同印刷株式会社
製　本　株式会社若林製本工場

ISBN978-4-7631-3980-1　C0030
https://www.sunmark.co.jp